Das totale Museum

Fröhliche Wissenschaft 107

Christian Welzbacher

Das totale Museum

Matthes & Seitz Berlin

Inhalt

Im Herbst 2008 fuhr ich mit dem damals in Serbien stationierten niederländischen Journalisten Werner Bossmann in einem Mietwagen von Belgrad über Sarajevo nach Mostar. Grund für die Reise war die Recherche für ein geplantes Buch über Moscheen in Europa, aber auch mein allgemeines Interesse an der Lebenssituation der Menschen in Bosnien kaum mehr als eine Dekade nach dem kriegerischen Zerfall des einstigen Jugoslawien. Nach etwa einem Drittel der Fahrt von Sarajevo nach Mostar, inmitten der Ausläufer eben durchquerter Gebirgszüge, deren Gipfel allmählich zurückzuweichen begannen, erreichten wir Jablanica. Ahnungslos durchfuhren wir die Stadt, erblickten am südlichen Ortsausgang einen leeren, zwei Fußballfelder großen Parkplatz: ein riesiges Gelände, geeignet für ganze Reisebusflotten. Wir stellten unseren Wagen ab, überquerten die betonierte Fläche und näherten uns einer modernistischen Architektur, die isoliert am Rande des Terrains stand. Auch sie hatte ein ungewöhnlich stattliches Format. Ein Museum. Es schien gepflegt, aber verwaist, so wie das gesamte Gelände. Nähergekommen sahen wir ein Panoramafenster, mit dem sich der Bau zur Landschaft öffnete. Gleich dahinter schlängelte sich hektisch glucksend ein wilder Bergfluss durch eine Senke. Am jenseitigen Ufer türmten sich Klippen steil in die Höhe. Oben auf den Bergkuppen schimmerte der erste Schnee.

Fallwinde fegten in unsere Gesichter. Wir standen am Steilufer und lauschten dem Gebrodel des Wassers. Der Fluss umspülte die verbogenen Träger einer Eisenbrücke. Sie war zweifellos durch Gewalteinwirkung aus den Angeln gehoben worden, von den Stützen gefegt, in zwei Teile zerbrochen, den Abhang hinuntergerutscht. Niemand hatte sie herausgeholt. Werner deutete zum Museum. Kein Zweifel: Das Panoramafenster war exakt auf die zerstörte Brücke ausgerichtet.

Die Brücke, so erfuhren wir später, war in der Schlacht an der Neretva, diesem brodelnden Gebirgsfluss, gesprengt worden. Das war Anfang 1943 gewesen, auf Befehl des Partisanenführers Josip Broz Tito. Die Maßnahme war eine geschickt inszenierte Finte, fehlinterpretiert durch den Armeekommandanten der Achsenmächte, ganz wie von Tito erhofft. Die Deutschen, sekundiert von Italienern, Tschetniks und Ustascha, planten daraufhin ihre Generaloffensive um, da sie den Fluchtweg über die Neretva versperrt glaubten, die Partisanen weiter nördlich vermuteten. Doch im Schatten der Täuschung ließ Tito die Brücke behelfsmäßig rekonstruieren. Er nutzte die gewonnene Zeit, um seine Leute abzuziehen und die Verwundeten zu evakuieren. Um Kräfte zu sammeln für den bevorstehenden Endkampf.

Diese Erzählung gehörte zum Gründungsmythos der Volksrepublik Jugoslawien. Vor der heroischen Kulisse der bosnischen Berge, so lernten die Kinder von klein an, hätten die Kriegshelden jene eingeschworene Gemeinschaft geformt, die erst zur Befreiung von den Besatzern, dann zur Gründung des Partisanenstaates führen sollte. Diesen Mythos zu feiern, eröffnete man 1978, fünfunddreißig Jahre nach der Schlacht, das Museum. Ein Museum des Krieges. Ein Museum des Sieges. Den Mythos auszuschmücken, war schon 1968 ein internationaler Monumentalfilm entstanden, mit Yul Brynner, Curd Jürgens, Hardy Krüger, Franco Nero und Orson Welles als Darsteller und mit der Musik der Hollywoodlegende Bernard Herrmann. Den Mythos zu erleben, fuhren über Jahrzehnte Schulklassen aus ganz Jugoslawien mit Reisebussen nach Jablanica. Sie gingen durch die Ausstellung. Sie schauten durch das Panoramafenster in die Flußsenke hinab auf die Trümmer der Brücke. Sie erfuhren von Titos taktischem Geschick und von der Ausdauer der Partisanen, die weit in der Minderzahl gewesen waren. Sie waren stolz auf ihre Vorfahren, die in einer verlustreichen Schlacht ihr Schicksal hatten besiegeln können, um danach ein neues, neuartiges Land aufzubauen.

Wir standen noch immer im wehenden Wind. »Eigentlich müsste es offen sein«, meinte ich. Werner zeigte auf das Hinweisschild mit den Öffnungszeiten und zuckte mit den Schultern. Immer noch kein Mensch zu sehen. Wir beschlossen, nicht länger in der Kälte zu stehen und stattdessen weiterzufahren. Auf dem Weg zum Auto machten wir noch einen unschlüssigen Schlenker Richtung Eingang, als wir einen Mann bemerkten, der, ohne Jacke, nur im Hemd, von der Stadt her in unsere Richtung lief. Er kam schnell näher, lief ohne aufzublicken zum Portal des Museums und verschwand im Inneren. Die Tür ließ er offen stehen.

Drinnen ist es ungeheizt und schummrig. Die Deckenstrahler sind ausgeschaltet, nur das trübe, durchs Fenster dringende Licht des Tages erhellt matt die weiten Räume. In einem kleinen Kassenhäuschen am Eingang sitzt eine junge Frau. Sie unterhält sich mit dem Mann im Hemd, der eben an uns vorbeigerannt ist. Er steht neben ihr, spielt mit seinem Schlüsselbund und beachtet uns nicht. Wir lösen unsere Billets und beginnen, uns umzuschauen. Der Galerieraum gleich rechts vom Eingang wurde zu einem Lager umfunktioniert, Stühle, Bücher, staubige Kisten stapeln sich darin. Links geht es in die Haupthalle des Museums, eine luftige Konstruktion mit hoher Decke, offen und weit wie ein Hangar. Es ist der Raum mit dem Panoramafenster, das in die heroische Landschaft mit der Brückenruine zeigt. Von wenigen Stellwänden und ein paar Vitrinen abgesehen ist er äußerst karg eingerichtet, als würden Teile der Ausstellung fehlen. Eine Seitenwand ist dem historischen Kontext der Schlacht an der Neretva gewidmet. Die Gestaltung stammt offensichtlich aus der Eröffnungszeit des Hauses: eine gezeichnete Karte von Bosnien, die Truppenbewegungen mit Pfeilen angedeutet; ein Einführungstext, zusammengesetzt aus Schablonenlettern; eine monumentale Fotografie von Titos Gesicht – nicht der junge Partisanenführer, sondern der Präsident im reifen Mannesalter. Tito lächelt milde in die Ferne hinter dem Kameraauge.

Dass an diesem Museum etwas nicht stimmt, fällt uns spätestens im Zentrum der Halle auf. Unter den wenigen Exponaten in den Vitrinen befinden sich Bombensplitter, Patronenhülsen, Karabiner, merkwürdige Waffen, mit denen eine technisch dem Feind vollkommen unterlegene Truppe hatte kämpfen müssen. Dass die Stücke aus dem Zweiten Weltkrieg stammen, ist mehr als unwahrscheinlich. An den Stellwänden kleben Zettel, lieblos gestaltet, wie Aushänge einer Behörde. Darauf sind Lebensläufe zu lesen, meist von Männern. Sie alle starben zwischen 1992 und 1995, am Ufer der Neretva, in der Gegend von Jablanica. Jeder Biografie ist ein Passbild beigefügt, doch die Gesichter sind kaum zu erkennen. Man hat Fotos und Texte wohl mithilfe eines Fotokopierers zusammengefügt, der zu dunkel eingestellt war. Die Männer sehen alle identisch aus. Schwarze Haare, schwarze Münder, schwarze Augenhöhlen.

Ein neuer Krieg hat das Andenken an den historischen Krieg überlagert, dem man dieses Museum einst geweiht hatte. Er hat den Mythos erodieren lassen, hat die Partisanenrepublik und ihre Gewissheiten zerstört. Das Museum zeigt diese Erosion nicht einfach: es ist selbst unmittelbarer Teil, ja Ergebnis davon. Der leere Parkplatz, der rennende Mann im Hemd, der schielende Tito, die toten Augen auf den Stellwandzetteln: die Geschichte, vor der man sich sicher glaubte, war entfesselt worden, hatte die Ordnung der musealisierten Wahrheiten als Konstruktionen entlarvt. Zerronnen der falsche Glanz der Historie. Keine Inszenierung. Keine Didaktik. Keine neuen Mythen. Nur Zettel inmitten der kläglichen Reste einer ungültig gewordenen Ausstellung, deren Abbau die Mühe nicht wert war, offenbart doch die hier gewählte, primitive Maßnahme auf schlagende Weise die ganze Lüge, auf der einst das Museum begründet gewesen war.

Gemahnte uns dieses Szenario daran, dass hinter allen Museen eine Lüge steht?

Meine Nachrecherche führte mich zu dem Hinweis, die zerstörte Brücke über die Neretva sei kein Kriegsrelikt, sondern ein Nachbau.[1] Über eine Bekannte an der Architekturfakultät Sarajevo kontaktierte ich die zuständige Denkmalbehörde, die meine Anfrage unbeantwortet ließ. Es blieb das Internet, dessen Suchmaschine mich auf die Seite http://www.atlasobscura.com leitete. Dort hieß es, die jetzige Brücke sei die dritte am Ort – alle drei seien gesprengt worden. Die erste auf Titos Befehl als Hinterhalt für die Truppen der Achsenmächte. Die zweite, nachdem die Partisanen geflüchtet waren. Die dritte, deren Reste heute zu sehen sind, als Kulisse für den Monumentalfilm »Die Schlacht an der Neretva«. Das Autorenkollektiv der Website schreibt: »In order to realistically depict the Battle's climatic scene in the movie's finale, director Veljko Bulajic decided to blow up the actual bridge. He expected that the remains of the bridge would become a tourist attraction. But none of the actual shots made it into the final cut, as thick clouds of black smoke obscured the view. The scene was finally shot with a scale replica on a sound stage in Prague.« Eine Quelle für diese Angaben ließ sich nicht aufspüren. Aber es stellte sich heraus, dass atlasobscura bei Wikipedia abgeschrieben hat.

Immer wieder habe ich Anläufe unternommen, die Angelegenheit rund um das Museum von Jablanica aufzuklären, doch bis heute liefen alle Versuche ins Leere. Dafür bin ich gleichzeitig einem Gefühl nachgegangen, das sich nicht nur in Jablanica, sondern auch bei vielen anderen Museumsbesuchen eingestellt hat – und zwar gerade bei Museen in jenen Weltgegenden, denen in den letzten sechzig Jahren harte historische Brüche erspart geblieben sind. Ich war immer ein fleißiger, ja ein leidenschaftlicher Museumsgänger. Die Objekte interessierten mich genauso wie die Sammlungsgeschichte, die Präsentations- und Vermittlungsformen, die wissenschaftliche Begleitung durch Sonderausstellungen und Forschungsprojekte. Dass die vielschichtige Auseinandersetzung mit dem musealisierten Erbe immer wieder zu Umgestaltung und Neukonzeption der Sammlungsbestände führen muss, war eine Tatsache, mit der ich nicht haderte. Schließlich gelangten etliche meiner Studien- und Fachkollegen genau deshalb in Lohn und Brot. Nur schien mir irgendwann, Museen seien durch manche Umstrukturierung eher zu Orten der Behauptung, also unglaubwürdig geworden. Das mag daran liegen, dass sie nicht allein auf der sichtbaren Ebene der Präsentationen, sondern auch hinter den Kulissen, personell, organisatorisch, finanziell und ideell, umstrukturiert werden. Aber vielleicht hängt es auch mit dem »Wesen« des Museums zusammen?

Was immer dieses Wesen des Museums sei: Ich habe ihm gegenüber im Lauf der letzten Jahre ein immer größeres Unbehagen verspürt, das endlich mithilfe von Recherche und Analyse konkretisiert, in eine Kritik des Museums verwandelt werden sollte. Die folgenden Seiten sind das Ergebnis dieses Versuchs. Sie bieten locker gefügte Bausteine, die sich mit Aspekten des Museums in Geschichte und Gegenwart befassen und sich seiner Beziehung zur Gesellschaft nähern. Es geht mir um das, was man »Museumsdenken« nennen könnte – kuratorische Praxis, Arrangement von Objekten und Narrativen, Organisation, Kanalisation, Vermittlung oder auch Nichtvermittlung von Wissen –, wie es sich konstituiert und unter welchen Umständen es sich verändert. Ob wir gegenwärtig die Auflösung des Museums wie wir es kannten erleben, die Entgrenzung seiner Mittel durch omnipräsente »Kuratoren«, oder ob sich das

Museum im Angesicht der Privatisierung des Kulturbetriebes wieder auf sich selbst besinnt, sich neu formiert und restituiert – über dies und mehr lässt sich debattieren. Und für diese Debatte soll der vorliegende Text Material liefern.

Wissen ist Macht

Es ist schon eine Weile her, da gingen die Menschen zum Zweck der Selbstvergewisserung in die Kirche. Heute, da das Vertrauen in jenseitige Versprechungen erschöpft ist, geht man ins Museum. Das Museum scheint der letzte Ort unserer Kultur zu sein, an dem die Dinge ihre Ordnung haben. Die Welt erscheint hier noch im Zusammenhang ihrer Bestandteile und diese weisen jeweils einen Bezug zueinander auf. Räume und Bedeutungen sind umgrenzt. Objekte sind tückenlos inventarisiert, kategorisiert und katalogisiert. Findet man keine direkte Erklärung, so gibt es umfassende pädagogische Begleitprogramme, bei denen Spezialisten jede Frage beantworten.

Die These drängt sich auf: Je undurchdringlicher die Realität, desto größer die Konjunktur des Museums. Je schneller die äußeren Umwälzungen, desto wichtiger das Museum als Ort des Rückzugs, der Stabilität und der Sicherheit. »Beschleunigung bewirkt, dass wir uns der Vergänglichkeit, der Unstetigkeit bewusst werden, und dieses Bewusstsein modifiziert unsere Beziehungen zu anderen Menschen, zu Dingen, zum ganzen Universum von Ideen, Kunst und Werten ganz erheblich«, konstatierte der Zukunftsforscher Alvin Toffler 1970.[2] Offenbar muss der Mensch den Zentrifugalkräften, die er selbst verursacht, entgegenwirken. Dieses Paradox bestimmt das Museum seit seiner Etablierung im späten 18. Jahrhundert, der Sattelzeit der Moderne, die gleichzeitig rasenden Fortschritt und manische Rückbesinnung auf die Geschichte zelebrierte, eine Epoche, die den Positivismus erfand, jene auf Naturwissenschaft und Technik basierende Weltanschauung, die das Ganze erklären zu können glaubte, indem sie seine Teile wie ein gigantisches Puzzle zusammensetzte. Von diesen Denk- und Handlungsmustern wird das Museum bis heute bestimmt. Das Grundparadox der orientierungslosen Orientierungssuche wirkt weiter. Es ist mächtiger denn je.

Niemals zuvor gab es derart viele und vielschichtige Museen jeglicher Form und Art wie heute. Die letzten vier Jahrzehnte – von der Ölkrise bis zur Finanzkrise, vom Vietnam- bis zum Anti-Terror-Krieg – waren ein einziger Museumsrausch, der jedes Jahr neue Projekte der Superlative hervorbrachte, Stiftungen, Gründungen, Erweiterungen, Neu-, An- und Umbauten. Die meisten Architekturikonen, die den fortwährenden Museumsboom repräsentieren, dienen der Ausstellung von Kunst. Aber auch andere Museumsgattungen profitieren vom Interesse an der Präsentationsform Museum: Geschichtsmuseen und Gedenkstätten, Kunstgewerbemuseen, Naturkundemuseen und Technikmuseen, private, öffentliche, kuriose, heimliche, virtuelle, nichtexistente, wichtige, irrelevante, konventionelle, merkwürdige Museen, Pseudomuseen, Museumsmuseen und alle anderen Institutionen, die wir vielleicht nicht als Museen erkennen, obwohl sie welche sind.[3]

Für diese Entwicklung lassen sich zwar halbwegs verlässliche Zahlen finden. Allein die internationale Vergleichbarkeit ist kaum gegeben. Nähert man sich dem Phänomen Museum empirisch, so ertrinkt man im Wust der Statistiken. Ein anonymer Internetautor etwa hat die wichtigsten Museen von New York City gezählt und kam auf über sechzig Institutionen allein in Manhattan. Ein anderer Blogger kam darauf, dass in Frankreich über 1.200 Museen existieren. ICOM, der International Council of Museums, verfügt über keine genauen Angaben. Dort verweist man auf die 2012 erschienene 19. Auflage des Kompendiums »Museums of the World«, das 55.000 Museen in 202 Ländern listet.[4]

In den statistischen Ämtern dieser Erde werden auch Angaben über Besucherzahlen erhoben.[5] So hat das Institut für Museumsforschung der Staatlichen Museen zu Berlin festgestellt, dass es in Deutschland 2009 4.790 Museen mit 106.820.000 Besuchern gab, 2010 dann 4.823 Museen mit 109.196.000 Besuchern.[6] Das erscheint viel, etwa im Vergleich zu den öffentlichen Theatern, die in der Spielzeit 2009/10 insgesamt 25.911.000 Besucher verzeichnen konnten.[7] Das erscheint auch beachtlich im Vergleich zu Großbritannien, wo die meisten staatlichen Museen keinen Eintritt verlangen, die Schwelle für deren Besuch also niedriger liegt. Von April 2009 bis März 2010 besuchten 4.695.000 Menschen die National Gallery London, 5.643.708 das British Museum, die verschiedenen Tate Galleries suchten insgesamt 7.054.932 Besucher auf.[8] In den 17 größten staatlich geförderten Institutionen der Insel zählte man insgesamt 42,2 Millionen Besucher, rund ein Fünftel davon Kinder unter 16 Jahren.[9] Bei all diesen Zahlen erfährt man freilich wenig über Inhalte. Warum die Besucher in die jeweiligen Museen gehen und was sie davon haben, ist weitgehend unergründet.[10]

Heutige Museen haben mit antiken Musentempeln (»Museion«) nicht mehr gemein als den Namen.[11] Ihr Ursprung liegt vielmehr in einer

»Kunst- und Wunderkammer« genannten Form der Wissenssammlung, Wissensordnung und Wissenspräsentation, die sich seit der Renaissance entwickelt hat, vor allem an europäischen Fürstenhöfen, aber auch unter Gelehrten und im bürgerlichen Milieu der Städte. 1565 publizierte Samuel Quiccheberg eine Theorie der Kunstkammer[12], die die Sammlungsgegenstände unterschiedlichen Ursprungs in Kategorien einteilte und die Kunstkammer in ihrer Gesamtheit als Abbild der Welt interpretierte. Diese Welt zu verstehen, ihre Bestandteile aufzuschlüsseln, ihren Ursprung zu durchdringen und damit die Schöpfung Gottes zu begreifen war Aufgabe der Wissenschaft. Diese Herausforderung repräsentierte die Kunstkammer anschaulich, indem sie die Objekte nach dem jeweiligen Stand des Wissens ordnete und mithilfe dieser Ordnung in ein Gesamtsystem brachte, dessen Höhepunkt der ordnende Mensch selbst markierte. Auf ihn bezog sich das System als Ganzes. Fragen nach der Rationalität dieser Ordnung, nach einer göttlichen Geometrie, die sich in wiederkehrenden Zahlen- und Proportionsverhältnissen, in allen Erscheinungen der Natur, in einer Weltenharmonie spiegeln, schwingen in der Kunstkammer mit.

Aber das war im Hinblick auf das Wesen der Kunstkammer eben nicht alles, da der in ihr manifeste wissenschaftliche Forscherdrang immer auf den Auftraggeber, den Sammler der Gegenstände hin ausgerichtet war. In seinem Namen wurde gehortet und geordnet. In seinem Namen Wissen akkumuliert und vorgeführt. Er selbst sollte sich in seiner Kunstkammer repräsentiert fühlen, die er dazu mit Leidenschaft, Geschick und Geld ausbaute.[13] In diesem Sinne war die Ordnung der Kunstkammer eine Repräsentation des Politischen, dort, wo der Sammler ein Fürst war, repräsentierte sie in direkter Weise Staatsmacht und Macht des Souveräns. Wissen und Macht waren damit in der Kunstkammer eng miteinander verzahnt, verwiesen wechselseitig aufeinander und bedingten sich.

Betrachtet man die Objekte, die nach Quicchebergs Theorie in einer Kunstkammer versammelt sein sollten, so wird der Zusammenhang zwischen Wissen und Macht noch deutlicher. Einerseits präsentierte die Kunstkammer Kristalle und Steine, Korallen und Knochen, Stoßzähne und Geweihe, Muscheln, ausgestopfte Tiere und andere Wunder der Natur, die sogenannten Naturalia, die später für sich genommen zur Entwicklung der Naturkundemuseen führen sollten. Andererseits zeigte die Kunstkammer auch Menschengemachtes, sogenannte Artificialia. Darunter Maschinen, aus denen sich später Technikmuseen entwickelten, aber auch

Kunstwerke und Gebrauchsgegenstände, aus denen Kunst- und Kunstgewerbemuseen hervorgingen.[14]

Unter den Kunstwerken fallen im Hinblick auf das politische Wesen der Kunstkammer zwei Aspekte besonders ins Auge. Erstens gehörte zu jeder Kunstkammer eine Ahnengalerie. Sie zeigte eigens angefertigte Porträts lange verblichener Angehöriger, deren Geschlecht sich bis in Urzeiten zurückverfolgen lässt, um von dort mit unaufhaltsamer Unbedingtheit dem Sammler und Besitzer der Kunstkammer eine Zukunft zu entwerfen, damit dessen legitime Herrschaft aus der eindrücklich dokumentierten Abstammung abgeleitet werden konnte. Zweitens fanden sich in den Kunstkammern wunderbare Drechselarbeiten, gefertigt aus kostbaren Hölzern, aus Walfischzähnen, Horn oder Elfenbein.

Drechselkunst war ein Privileg des Fürsten.[15] Sie gehörte im Europa des 15. bis 18. Jahrhunderts zur Ausbildung der Regenten, wie Reiten, das Studium der Freien Künste, der politischen Theorie, der Sitten und der Kriegsführung, und war gleichsam eine allegorische Tätigkeit. Die Beherrschung des Materials, das im Spindelstock eingespannt um die eigene Achse kreisend mit eisernen Stößeln geschnitten, geraspelt und anschließend poliert wurde, galt als Sinnbild für die Kunst des Regierens. Höhepunkt der Pokale, deren Herstellung die Fürsten de facto Handwerkskünstlern überließen, waren dabei Bekrönungen aus ineinanderliegenden Hohlkörpern. Deren geheimnisvolle Verschachtelung entsprach den damals geläufigen Modellen aus Geometrie und Astronomie: Sie rekurrieren auf den Kosmos, seine Proportionen und seine logische Ordnung. Die Idee der Kunstkammer ist hier noch einmal verdichtet: Das Ganze und seine Teile verweisen ständig wechselseitig aufeinander, um die Souveränität des Herrschers in einem undurchdringlichen Zirkelschluss zu feiern. Der Fürst war nicht nur Sammler, er war auch Künstler, schließlich Besitzer der Kunstkammer, die sein Regierungswesen durch ihre Vollkommenheit repräsentierte (in Analogie zur Vollkommenheit göttlicher Schöpfung, die sie imitierte) und auf diese Weise den moralischen Imperativ angestrebter idealer politischer Führung verkörperte. Die »gute Regierung«[16] verlangte nicht nur die Kenntnis der schöpferischen Zusammenhänge, sondern auch ihre Beherrschung. Denn es ist Gott, der den Fürst legitimiert.

Die Kunstkammer präsentierte somit das geordnete Weltwissen als Ausdruck fürstlicher Macht, sie war dabei Instrument und Symbol der Politik zugleich. Als Spiegelbild der von Gott übertragenen fürstlichen Obliegenheiten führte dies zur inneren Notwendigkeit ihrer stetigen Erweiterung, zur Vervollkommnung von Sammlung und Wissen, Einfluss und Macht. Gerade die direkte Verkettung von Kunst und Politik war das Stimulans des Sammlerimpulses, das die Fürsten dazu führte, Künstler und Wissenschaftler zu beauftragen, Neues und Unbekanntes zu entdecken und in die Sammlungen einzubringen. Das Konkurrenzverhältnis zwischen den europäischen Fürsten beim Aufbau ihrer jeweiligen Kunstkammern mochte diese Motivation weiter forcieren. In der Folge wurden die gesuchten Objekte zu Gütern, deren Preis Angebot und Nachfrage regelten: Mit der Kunstkammer bildete sich auch der Kunstmarkt heraus.

Der Wettlauf um die Eroberung der Erde, ausgelöst durch Christoph Kolumbus' Entdeckung Amerikas 1492, war daher nicht allein Konkurrenz um Gold und Rohstoffe, um Sklaven und Territorium, um Macht und Einfluss, sondern auch um Objekte für die Kunstkammern. Jeder neue Gegenstand im kosmischen Puzzlespiel, jedes neue Quentchen Wissen schmückte den Fürsten. Investition in Eroberung bedeutete Zuwachs von Wissen als Form ideeller Macht. Investition in Wissen bedeutete auch Zuwachs an materieller Macht, Zugewinn an Geld und Gütern.

Wenn das Wesen der Kunstkammer also nicht kultureller, sondern politischer, genauer: machtpolitischer Natur war, stellt sich die Frage, wie viel von dieser Eigenschaft die Kunstkammer ihrer Nachfolgeinstitution, dem Museum, vererbt hat. Das ist gerade deshalb interessant, weil die Ende des 18. Jahrhunderts herausgebildete Definition des Museums als bürgerliche Bildungsanstalt machtpolitische Aspekte in den Hintergrund drängte, das Museum gar als Ort machtpolitischer Überwindung erscheinen konnte.[17] Indem es die einst fürstlichen Bestände in öffentliche Sammlungen integrierte, kappte das Museum scheinbar den kunstkammerlichen Konnex von Wissen und Macht, kam doch nunmehr das Wissen allen Bürgern zugute und ließ das Volk durch Bildung an der Macht partizipieren.

Doch auch die bürgerliche Trägerschaft des Museums verfügte nicht ausschließlich über einen Willen zur kulturellen Repräsentation, den sie in Galerien, Ausstellungshallen, Sammlungen, Auktionen und Vernissagen zu kanalisierten trachtete. Wie die Fürsten hatte die Bourgeoisie zuallererst ausgeprägte macht- und wirtschaftspolitische Ansprüche. Das Museum bildete dies allerdings auf komplexere Weise ab als die Kunstkammer: nämlich indirekt, indem sie – mehr oder weniger konsequent – Politik in

Kultur, Macht in Wissen sublimierte. Diese Transformation steht im Zusammenhang mit der Diversifizierung der Orte bürgerlicher Machtausübung und deren gesellschaftlicher Praxis. Anders als im Absolutismus, dessen Zentrum die fürstliche Residenz markierte, in der Wirtschaft, Politik und Kultur (unter anderem in Form der Kunstkammer) vereint gewesen waren, kannte das Bürgertum eine Vielzahl von Schauplätzen, die verschiedenen Lebensbereichen zugeordnet waren – man denke an die Szenerien in Balzacs Romanen genauso wie an das Panorama der Bauten entlang der Wiener Ringstraße: Börse, Club, Handelskammer, Bank, Kontor und Handelsgesellschaft (Wirtschaftsleben), Parlament, Vereine, Gremien und Ausschüsse (Politik), Oper, Museum, Bibliothek, Akademie und Universität (Kultur), Wohnung, Palais und Hotel (private Repräsentation).

Innerhalb dieser bürgerlichen Erscheinungsvielfalt mochte, idealiter gesprochen, die Funktions- und Bedeutungsvielfalt derart aufgefächert gewesen sein, dass die Kulturinstitutionen Aspekte des Wirtschaftslebens und der Politik tatsächlich nur noch nachrangig verkörperten. Aber im Konzert der Institutionen schloss sich der Kreis der gesellschaftlichen Gesamtordnung wieder, bezogen sich doch die genannten Schauplätze in ihren Funktionen und Bedeutungen aufeinander. Sie ergänzten sich wechselseitig, was nun umgekehrt bedeutet, dass die Wesenhaftigkeit jeder Einzelinstitution aus sich selbst heraus nur unvollkommen erschlossen werden kann. Isoliert man also das Museum, betrachtet es für sich selbst und kommt auf diese Weise zu dem Ergebnis, es habe sich bei ihm um nichts weiter als eine »bürgerliche Bildungsanstalt« gehandelt, deren gesellschaftliche Aufgabe gegenüber der Vorgängerinstitution Kunstkammer gleichsam entpolitisiert erscheint, so verkürzt man die Perspektive. Erst der geweitete Blick offenbart: Das Museum[18] war der kulturelle Resonanzraum des wirtschaftspolitischen Selbstverständnisses des Bürgertums. Diese Bedeutungsebene war dem Museum von Beginn an derart selbstverständlich eingeschrieben, dass es den Gründungsvätern keiner Erwähnung bedurfte. Sie konnten sich in ihrer Definition ganz auf das Alleinstellungsmerkmal des Museums innerhalb des Konzertes der Institutionen beschränken. Und das war nun einmal die Kultur.

Zu den ältesten Einrichtungen seiner Art gehört das British Museum in London. Es wurde 1753 durch einen Parlamentsbeschluss begründet.[19] Heute zählt es zu den wichtigsten, größten und meistbesuchten Ausstellungshäusern der Welt. Dabei sind die wenigsten ausgestellten Objekte britischen Ursprungs. Es sind vielmehr kulturhistorische Zeugnisse aus der ganzen Welt, die nach England verbracht wurden, um den vom Bürgertum (und vom Adel) getragenen, in erster Linie wirtschaftlich motivierten britischen Anspruch bei der Aufteilung der Welt und des Weltwissens zu versinnbildlichen. So gesehen ist das British Museum eine Kunstkammer, allerdings nicht die eines Fürsten, sondern einer bürgerlich dominierten Gesellschaft, die ihre imperialistische Selbstauffassung in Form der Kulturinstitution Museum spiegelte.

Dass dieser Gedanke verfängt, zeigt bereits der Name: Da es in London weniger um Objekte verschiedenster Herkünfte ging, als um die Entdecker, die diese im Rahmen kolonialer Expansionen zusammentrugen, nannte man die Institution nicht etwa »Britisches Museum der Weltkulturen«, sondern »Britisches Museum«. Diese Strategie der Aneignung führte dazu, dass die Versammlung der Exponate als Sinnbild von Britanniens Kulturhoheit über die Welt verstanden werden konnte – analog zur wirtschaftlichen und politischen Vorherrschaft, die ihre gültige Form im Empire fand. Konsequenterweise lässt sich diese Vorgehensweise denn auch bei der Benennung vieler zentraler Einzelobjekte des Museums beobachten, am prominentesten bei den Elgin Marbles: Die Metopen des Athener

Parthenon heißen nicht nach Künstler, Ursprungsort oder Zusammenhang ihrer Entstehung, sondern nach jener Person, die sie um 1810 unter politisch heiklen, bis heute umstrittenen Umständen nach London verschifft und in das Museum gebracht hat, Lord Elgin.[20]

Nachdem die Kunstkammer den Kunstmarkt und die Sammlerkonkurrenz hervorgebracht hatte, vererbte sie auch diesen (über Politik und Wirtschaft eingebrachten) kompetetiven Aspekt ihrer Nachfolgeinstitution Museum. Museen spiegelten dabei auch den macht- und wirtschaftspolitischen Wettlauf nicht eins zu eins, sondern transzendierten die Konkurrenz in einen Wettbewerb von Kultur, Wissenschaft und Forschung. So galt es beispielsweise in den Kunstmuseen nicht nur, eine möglichst umfassende, aus Haupt- und Schlüsselwerken bestehende Sammlung sämtlicher für den Kanon relevanter Schulen zu präsentieren. Es ging, vor allem seit dem Ende des 19. Jahrhunderts, auch darum, mithilfe einer teleologisch argumentierenden Wissenschaft die Geschichte malerischer, darstellerischer, inhaltlicher Innovationen nachvollziehbar zu machen, um neben der Kunstpflege auch die jeweils eigene nationale Bedeutung bei der Kunstentwicklung herauszuarbeiten. Auswirkungen solcher Fehden bestimmen die Rezeption von Kunst bis heute, etwa indem »frühe« Beispiele einer bestimmten Stufe der Kunstentwicklung auf dem Markt höhere Preise erzielen oder weil Fragen nach der Urheberschaft bestimmter Neuerungen – etwa der Erfindung abstrakter Malerei – immer wieder gestellt und an Ansprüche geknüpft werden.

Vergleichbar zeigten und zeigen auch Technikmuseen an ihren Standorten London, Paris, Rom oder München eine jeweils ganz eigene Geschichte des Fortschritts. Die Bedeutung nationaler Wissenschaft bei der Erfindung von Dampfmaschine und Eisenbahn, Auto und Fernseher, bei der Entdeckung bestimmter Himmelskörper und der Enträtselung mathematischer Probleme liest sich dabei jedes Mal anders, sodass je nach Standort England, Frankreich, Italien oder Deutschland als Hauptimpulsgeber des Fortschritts erscheinen können. Das führt mitunter zu markanten Verschiebungen in der Geschichtsschreibung, da bestimmte, im Kontext einer Nation gefeierte Persönlichkeiten andernorts nachrangig behandelt oder gar verschwiegen werden.

»Die Denkmale der großen schöpferischen Geister unserer Nation wie ihre in den Sammlungen vor uns ausgebreiteten Werke tragen uns empor und weisen zu Ehrfurcht und Nachfolge uns den Weg: Introite, nam et hic dii sunt. Die Ihr herzueilt, zu schauen und zu lernen, wisset:

Auch hier ist heiliges Land«[21], heißt es in einer Publikation über das »Deutsche Museum« in München aus dem Jahr 1929. Die Argumentation ist insofern frappierend, als die 1903 eröffnete Institution nicht Geschichte, sondern Naturwissenschaft und Technik ausstellt, freilich erneut, ohne dass dies im Namen konkret benannt würde. Der eigentliche »Inhalt« des Hauses, das einst größte Museum seiner Art weltweit, erscheint durch den Titel semantisch verschoben: Denn just der hier präsentierte technisch-wissenschaftliche Fortschritt, der als Motor wirtschaftlicher und politischer Vormachtstellung dienen sollte, macht laut Definition das »Deutsche« am Deutschen Museum aus.

Die Konkurrenz neuer Museumsgründungen und Museumserweiterungen genügte indes nicht mehr dem eindimensionalen Übertrumpfungsmechanismus der Kunstkammer, in der der Fürst danach getrachtet hatte, jeden Machtzuwachs durch Kulturzuwachs abzubilden, in dem Sinne, dass ein Mehr an Objekten ein Mehr an politischem Einfluss und Herrschaft bedeutete. Das Museum konnte diese Logik auch gleichsam umkehren, indem es als Ort in Stellung gebracht wurde, der Kulturzuwachs als Kompensationsmöglichkeit für einen Machtverlust inszenierte. So schwang sich das Mainzer Gutenbergmuseum ausgerechnet im Jahr

1930 zum »werdenden Weltmuseum der Druckkunst«[22] auf. Über die Konkurrenz mit ähnlichen Museen hinaus ging es hier vor allem um die Erprobung der Möglichkeit, der politischen Isolation und der wirtschaftlichen Weltkrise mithilfe musealisierter Geschichte der technischen Innovation etwas entgegenzusetzen. Die bürgerliche Formel, nach der wirtschaftliche Prosperität zu materiellem und in zweiter Linie auch zu kulturellem Wohlstand führt – eine Formel, die sich mit Gutenbergs Presse leicht veranschaulichen ließ –, wurde hier sozusagen von hinten gelesen: Über die Behauptung kultureller Blüte (und sei sie eine historisch zurückliegende) leitete sich ein wirtschaftlicher und politischer Anspruch ab.

Bereits im 19. Jahrhundert trieb man diese Argumentation so weit, dass durch Museen weitreichende politische Bedürfnisse formuliert werden konnten. Polnische Bürger etwa – deren territoriale Heimat im 18. Jahrhundert zwischen Österreich, Russland und Preußen aufgeteilt worden war – warben auf diese Weise für die Gründung eines neuen, eigenen Staates. Seit 1870 stellte ein exilierter Privatsammler seine Kollektion polnischer Memorabilia in den Räumen des Schlosses im schweizerischen Rapperswil aus. Die Institution trug den Titel »Polnisches Nationalmuseum«[23] und war dabei gerade kein retrospektives Unternehmen mit Fokus auf die materiellen Überbleibsel einer verlorenen Heimat. Sie war vielmehr eine Aufforderung, mithilfe des museal manifestierten Bewusstseins um die verlorene Heimat – diese Heimat wiederzugewinnen.

Egobranding

»Meine Bildersammlung wächst lawinenartig, wenn das so weitergeht, brauch ich wirklich eine Frau, da ich allein nicht genug Zeit und Geld dazu hätte.«[24] Eindringlich warnte der dreiundzwanzigjährige, frisch promovierte Kunsthistoriker Edwin Redslob – später Museumsdirektor in Erfurt, dann »Reichskunstwart« der Weimarer Republik, nach 1945 Gründer von »Tagesspiegel« und Freier Universität Berlin – im Februar 1908 seine Eltern vor den unabsehbaren Folgen seiner Sammlerwut. Als Surrogat menschlicher Urinstinkte kennt die Gier nach Objekten keine Grenzen. Die Mission des »echten« Sammlers ist niemals abgeschlossen. Er sieht sich als Eroberer auf der Suche nach neuen Kontinenten, er ist Liebhaber, Zocker, Maniac, radikal und charmant, mit energischer Gereiztheit bewehrt, wenn es um den Erwerb neuer Schätze geht, dabei voll Abscheu und doch voller Respekt gegenüber der Konkurrenz.

Zwar scheint der Ursprungsimpuls des bürgerlichen Privatsammlers dem Impuls des fürstlichen Weltensammlers der Renaissance zu entsprechen.[25] Doch dürfen, wie schon angedeutet, die Sammlungsinstitutionen Kunstkammer und Museum nur unter Vorbehalt miteinander verglichen werden. Die Kunstkammer, Passion des Fürsten, war als Allegorie einer Welt gedacht, die durch politische Beherrschung und intellektuelle Durchdringung ihre Bereicherung, die Mehrung ihres Bestandes, verlangte. Sie war Ausdruck einer politisch-sozialen Verantwortung, der sich ein Herrscher durch die Gottgegebenheit seiner Machtposition stellen musste. Eine solch komplexe Verquickung der Handlungen und Bedeutungen an einem einzelnen Ort hat das Bürgertum in das vielstimmige Konzert der Institutionen aufgelöst. Jeder einzelne Bürger konnte sich damit in seinem Wirken auf einen gesellschaftlichen Teilbereich beschränken. Mit der Verantwortung für den Staat als Ganzes war er durch die zuständigen politischen Gremien verbunden, an denen er sich nach Maß und Möglichkeit beteiligte. Abgesehen davon, dass jede Form des öffentlichen Handelns – symbolische oder reale – Auswirkung auf die Stellung eines Bürgers innerhalb der Gesellschaft haben konnte, blieb es ihm selbst überlassen, ob und wie er sich um Kulturpflege kümmerte: als Wirtschaftsmagnat, der mäzenatisch auftritt, als Parlamentarier, der Gesetzesinitiativen für Hochschul- oder Museumsgründungen einbringt, als Pate eines Bauwerks oder als privater Sammler, der eine Stiftung vorbereitet, die er am Ende seines Lebens dem Staat übergeben will, beispielsweise als Schenkung an ein Museum.

Edwin Redslobs Freund und Studienkollege Wilhelm Valentiner arbeitete seit 1908 als Kurator in Amerika, von wo er regelmäßig über die Entwicklungen der Museen und Sammlungen berichtete. Er legte in diesem Zusammenhang ein umfassendes Sittenbild des dortigen Privatsammlers vor, der als Typus die Eigenschaften des europäischen Bürgertums gleichsam zuzuspitzen und in unmissverständlicher Reinform zu offenbaren schien: »Die großen Sammler machen einen Teil der Aristokratie des Reichtums aus, die eine beherrschende Stellung in den Vereinigten Staaten einnimmt und eine Art Nebenregierung der offiziell anerkannten in Washington bildet. Sie setzt sich aus Vertretern des Kapitalismus, alten oder eben gewordenen, und aus Vertretern alter Familien zusammen und sucht die Regierung in Washington unter ihrem Einfluß zu halten. Gesellschaftlich spielen diese Kreise infolge ihres Reichtums eine größere Rolle als die Staatsmänner in Washington, die bis zum Präsidenten hinauf von ihnen nur mit einem mitleidigen Lächeln angesehen werden.«[26]

Wozu nun brauchten diese Strippenzieher Kunst und Museen? Valentiners Erklärung: »Als eines der Mittel, um ihre Stellung sozial zu festigen und auf das Volk Eindruck zu machen, hat der Kunsterwerb im großen Stil bei diesen Vertretern der Gesellschaft und des Reichtums keine geringe Bedeutung. Sie haben es erreicht, dass es gleichsam zur Bildung des Amerikaners gehört, dass man wisse, wer die größten Privatsammler in den Vereinigten Staaten sind und was diese Sammlungen enthalten.« Die Privatsammlung des bürgerlichen Kapitalisten diente also der Mehrung seines gesellschaftlichen Ruhmes, indem sie seinem Reichtum ein »Gesicht« verlieh: das Antlitz der Kultur.

Dieser Vorgang war nur möglich, weil das Bürgertum der Kultur eine Sublimationsfunktion zuschrieb. Negativ ausgedrückt: Kulturförderung durch Privatkapital konnte bedeuten, dass das Geld an anderer, wichtigerer Stelle – Krankenhäuser, Armenhäuser, Kindergärten, Arbeiterwohnungen, Schulen – fehlte, mithin der Ausdruck eines bürgerlichen Realitätsverlustes sein, Zeichen einer Verweigerung, die sozialen Konsequenzen des eigenen Handelns anzuerkennen; weiter konnte das Sammeln historischer Gegenstände als Flucht aus der Zeit begriffen werden, die den technischen Fortschritt in historisierende Bauten zwängte, die vor Stuck,

Messing, Talmi, schweren Teppichen und gedrechseltem Mobiliar überquollen. War also Kultur der Deckmantel für die Verantwortungslosigkeit gegenüber den Verlierern der Industrialisierung, den Arbeitern, auf deren Rücken bürgerliche Prosperität doch erst entstanden war? Immerhin steht fest: Indem das Bürgertum die Bedeutung von Kultur interpretatorisch erweiterte und ihr einen sozialen Aspekt zuschrieb, versuchte es, die eigene Rolle moralisch aufzuwerten. Auf diese Weise konnten Eigennutz und uneigentliches gesellschaftliches Handeln zu Engagement umgedeutet werden – und zwar zu Engagement für die Gesellschaft als Ganzes, also auch für die Schwachen. Dies geschah dann normalerweise im letzten Schritt bürgerlich-kultureller Selbstinszenierung, wie Valentiner diagnostizierte: »Der amerikanische Sammler fügt sich meist von selbst der auf ihm lastenden Ehrenpflicht und fühlt sich, wenn er seine Sammlung öffentlich zeigt oder schenkt, gern als Beglücker des Volkes ganz wie ein europäischer Fürst, dessen Rang er auch gesellschaftlich einnimmt.«

Mit Erstaunen und Verwunderung betrachteten die Europäer die Umtriebe der amerikanischen High Society, die seit der Wende zum zwanzigsten Jahrhundert eine feste Größe auf den Kunstmärkten der Alten Welt bildete und deren Vertreter mit erklecklichen Summen im großen Stil Kunstwerke aller Gattungen aufkauften: »Diese hastende Nation [...] überträgt nach wie vor das Condottierentum ihrer kaufmännischen Geschäfte auch auf das Sammeln.«[27] Die New Yorker Sammlung Goldman etwa, die laut Valentiner zu den bedeutendsten ihrer Art zählte, da sie nicht, wie zumeist, aus Impressionisten und Zeitgenossen, sondern aus Werken Alter Kunst bestand, hatte ihr Sammler in nur acht Jahren aufgebaut.[28] Die Ergebnisse mancher privater Bemühungen wurden von europäischen Zeitzeugen gerade deswegen durchaus kritisch gesehen: »Urteilt man nach dem Resultat, nach der Zusammensetzung der Sammlungen, so kann man nur sagen, dass Besseres erreicht worden ist, als in Europa, zieht man allein die guten Sammlungen in Betracht; denkt man an die schlechten, so ist freilich auch das Groteske entsprechend gesteigert.«[29]

Gleichwohl zog Valentiners Kollege Paul Fechter bereits 1910 das auch im Hinblick auf die alte Welt bedenkenswerte Resümee: »Privatsammlungen bilden, wenn die Geschmackskultur ihrer Besitzer stark und rein genug ist, eine notwendige Ergänzung der öffentlichen Galerien. Die Konzentration auf einen mehr oder weniger durch Neigung und Geschmack begrenzten Ausschnitt der Kunstgeschichte ermöglicht dem Einzelnen den Ausbau eines Sondergebietes, dem sich der Leiter einer öffentlichen Sammlung nicht hingeben dürfte, ohne die Vorwürfe der Einseitigkeit fürchten zu müssen, der aber doch neben dem mehr kunstwissenschaftlichen Entwickelungsschema der Museen eine Notwendigkeit bleibt, da nur so die intimere Pflege des Einzelnen und damit das lebendige Bild eines bestimmten Kreises künstlerischer Energie möglich wird.«[30]

Dieses Urteil galt noch Mitte der 1970er Jahre, aus sozialistischer Perspektive gar bereichert um die Feststellung, der Privatsammler im Dienste der Gesellschaft entziehe ein Objekt dem marktwirtschaftlichen Spekulationsraum und gebe ihm so seinen eigentlichen, durch den Handel verdeckten Wert zurück: »Die Bewahrung des Künstlerischen als auch des Geschichtlichen durch das Sammeln von Antiquitäten kann sich erst nach Überwindung des spekulativen Gewinndenkens unter neuen gesellschaftlichen Aspekten voll entfalten, wenn wie im Sozialismus der ›wirtschaftliche‹ Wert eines Kunstwerkes der Vergangenheit hinter seine ideelle Bedeutung zurücktritt. Der ›spekulative‹ Hintergedanke des Sammelns wird dann allmählich aufgehoben, und die Motive der Käufer und Sammler für den Erwerb von Antiquitäten ändern sich.

Sammeln dient dann in der Hauptsache der Erhaltung von Erbe.«[31] Erst die Selbstlosigkeit des Sammlerindividuums, das bedingungslos und vollständig »sein« Erbe der Öffentlichkeit überantwortete, restituierte jenen der Kunstkammer entstammenden gesellschaftspolitischen Wesenszug, der in einem reinen Sammlermuseum abhandengekommen wäre.[32] Das zeigt freilich auch, dass die Kunstkammer, trotz aller Unterschiede zum Museum, bis weit ins Jahrhundert der Moderne hinein einen wichtigen Referenzpunkt für alle Sammlungen und Sammlungsinstitutionen bildete.

Von heute aus gesehen ist das alles längst nicht mehr so selbstverständlich. Denn die Sammlungslogik der »klassischen« Privatkollektion, die erst in der finalen Vergesellschaftung ihren Sinn erhielt, verfängt immer seltener. Natürlich geben Sammler auf der ganzen Welt weiterhin ihre Nachlässe an öffentliche Institutionen, sei es durch Schenkung, sei es durch Stiftung. Doch ist dies schwieriger als früher, einerseits weil Museen mit Gütern gesättigt sind, andererseits weil die ihnen angebotenen Kollektionen nur selten so hochkarätig und bereichernd sind wie ehedem. Auch die Geduld, Kunstwerke zunächst als Dauerleihgabe einer vorhandenen Sammlung zur Seite zu stellen, ohne Gewissheit auf spätere Übernahme, bringen manche Sammler nur ungern auf. Namensplaketten und Bildnisbüsten, sichtbar für alle Museumsbesucher platziert, reichen ihnen nicht. Gewünscht sind langfristigere, weitreichendere Kompensationen, die die Öffentlichkeit in Form ihrer staatlichen Kulturverwaltung auch gewährt. Die Privatsammlung ist auf diese Weise zu einer Möglichkeit der Steuerabschreibung geworden.

Sammlungen in Unternehmen, meist fokussiert auf Kunst, verdeutlichen diese Entwicklung am klarsten. Großkonzerne, Banken und Versicherungen unterhalten Sammlungen wie eigenständige Geschäftszweige neben dem Kerngeschäft und erklären dies – der oben angesprochenen janusköpfigen Apologetik privater Sammlertätigkeit gemäß – gern im Sinne eines Bildungs- und Kulturauftrages, einer angeblichen Verantwortung für die Mitarbeiter und die Gesellschaft als Ganzes. Dass es sich gleichwohl um eine Form der Kapitalanlage handelt, die im Austausch für den vermeintlichen ideellen Mehrwert sogar von Kritikern akzeptiert wird, zeigt sich am ehesten an der Rolle betriebseigener Kuratoren: Wie das Geld auf der Bank, wie die Depots, Portfolios, Immobilienkonvolute und Unternehmensbeteiligungen wird auch die Kunst beaufsichtigt, umgeschichtet und wertsteigernd gepflegt – das war schließlich im bürgerlichen 19. Jahrhundert nicht anders. Angesichts der Wertdimensionen sind dazu eigene Experten nötig: Anlageberater der Kategorie Kunst, »Kulturmanager« an der Schnittstelle zum Markt.[33]

In Deutschland gehörte der Kölner Unternehmer Peter Ludwig zu den Sammlerfiguren des Übergangs vom bürgerlichen Mäzen hin zum Typus des neuen Privatsammlers.[34] Ludwig kaufte und stiftete für die Museen seiner Heimatmetropole und schenkte der Stadt Köln 1976 den Grundstock seiner Sammlung moderner und zeitgenössischer Kunst unter der Bedingung, dass sie ein eigenständiges Museum seines Namens einrichtete. Weitverbreiteter als solche mit Auflagen verbundenen Schenkungen ist heute das amerikanische Modell der Foundation, das mit der Rechtsform der Stiftung vergleichbar ist.[35] Es lässt dem Sammler mehr Freiheiten beim Umgang mit seinen Kunstschätzen, die er nicht an ein Museum abgibt, sondern von diesem lediglich öffentlich oder teilprivat verwalten lässt. Die Stiftung mag dabei grundsätzlich auf Dauerhaftigkeit angelegt sein. In einigen Fällen aber erschöpft sich der Effekt für den Sammler nicht in der Steuerersparnis, er profitiert auch, besonders dann, wenn er die Sammlung eine Zeit lang als Sonderausstellung an einem großen staatlichen Museum gezeigt hat, von einer Aufwertung seiner Bestände, im ideellen wie im materiellen Sinne. Die Güter waren dann lediglich in Wartestellung im Hinblick auf ihren steigenden Wert positioniert. Fiskalisch optimiert werden sie nach Ablauf der Fristen aus dem Museum abgezogen und dem Kunstmarkt zugeführt.

Bisweilen klingt die Rhetorik heutiger Sammler unverhohlen zynisch, wenn sie die Topoi bürgerlicher Verantwortung und Moral aufwärmt. Der russische Oligarch Alischer Usmanow etwa kaufte 2007 einen Tag vor Versteigerungsbeginn dem Auktionshaus Sotheby's die gesamte Kunstsammlung des Cellisten Mstislaw Rostropowitsch ab, um kurz darauf anzukündigen, er werde sie dem russischen Staat schenken. »Alles, was ich besitze, bin ich bereit, Russland zu schenken, wenn es nötig sein sollte, denn ich bin Bürger Russlands und stolz darauf«, zitierte ihn die Zeitung »Die Welt« und legte nahe, Usmanow habe den Deal als Kompensation für frühere wirtschaftliche Vorteilsnahmen getätigt.[36] Nicht die Staatsbürger, sondern die Mitglieder der Staatsführung waren offenbar die Adressaten von Usmanows kulturpolitischem Coup.

Am Ende der kulturpolitisch inszenierten Wertsteigerung einer Privatsammlung steht heute meist entweder deren Verkauf oder der Bau eines

Sammlermuseums.[37] Dieser Spezialform des Museums (zumeist: des Kunstmuseums) ist kaum noch zu entrinnen, hat sie doch längst einen entscheidenden Einfluss auf die Kulturlandschaft insgesamt: entweder eigenständig, mit expansivem Drang, ausgebufftem Marketing, zugkräftigen Allianzen und einem Willen zu Sonderausstellungen, die öffentlichen Einrichtungen Konkurrenz bieten. Oder als Teilsammlung einer solchen öffentlichen Einrichtung, die aufgrund der Stiftungsstruktur dann möglicherweise tradierte Zusammenhänge von innen her aufweicht, Absender verunklärt, den staatlichen Bildungsauftrag und die gesellschaftliche Verantwortlichkeit teilprivatisiert.[38]

In mancherlei Hinsicht sind die Veränderungen des staatlichen Museums- und Kulturbetriebes im Angesicht neuer, privater Akteure mit der Einführung des Privatfernsehens in den 1980er Jahren vergleichbar. Während bürgerliche Museen vor allem eine (noch von Besucherzahlen unabhängige) moralische Funktion hatten, müssen heutige öffentliche Häuser im Angesicht der privaten Konkurrenz Besucherzahlen vorlegen, um zu beweisen, dass sie dem an sie herangetragenen Bildungsauftrag gerecht werden. Mithilfe von Evaluationen[39] wird also ein früher nachrangiger Teilaspekt des Museums, die Bildungsfunktion, stark aufgewertet –

während umgekehrt die einstige moralische Hauptfunktion untergraben worden ist, weil die wirtschaftsstarke Sammlerschicht ihre Bestände den öffentlichen Museen eben nicht mehr zuführt, wie ehedem, sondern stattdessen eigene Sammlermuseen gründet.

Aus der bürgerlichen Logik heraus müsste man sagen: Mit jeder entgangenen Privatstiftung sinkt das moralische Gesamtkapital der öffentlichen Museen, während es nun umgekehrt aufseiten der privaten Sammlermuseen steigt. Um dieses Ungleichgewicht einzuebnen und so die vom Bürgertum begründete Selbstlegitimation des Museums weiter aufrechterhalten zu können, wurden öffentliche Einrichtungen zu pseudoprivaten, vorgeblich zeitgemäßen Institutionen umgebaut. Dieser Vorgang illustriert eine Fehlübertragung der moralischen Funktion des bürgerlichen Museums auf eine Gegenwart, in der Moral faktisch gar keine gesellschaftliche Funktion mehr besitzt.

Seither verfängt das Credo, Museen müssten wie Unternehmen »gefahren« werden. Man stellt dem künstlerischen einen kaufmännischen Direktor zur Seite, verkauft eingestaubte Bestände aus dem Depot, stellt Mitarbeiter auf Werkvertragbasis an, heuert externe Dienstleister für Sicherheit und Sauberkeit an, veräußert die Immobilie und mietet sie zurück. In den 1990er

Jahren war die Begutachtung von Museen durch Beratungsgesellschaften wie McKinsey in ganz Europa Normalität.[40] Nach teils heftigen, emotionalen Diskussionen[41] wurde es in jüngerer Zeit um diese Vorgänge ruhiger. Man hat sich daran gewöhnt. Denn das neoliberale Denken verfestigte sich allmählich im Museumsbetrieb und bestimmt heute den Umgang mit sämtlichen Kulturinstitutionen ganz selbstverständlich.[42]

Der wirtschaftliche Druck zeigt sich mittlerweile in vielerlei Hinsicht. So wankt etwa die Bestandssicherheit vieler Häuser durch die derzeitige Restitutionspraxis. Öffentliche Sammlungen, bis vor Kurzem unantastbar, verwandeln ihr Profil, wo zentrale Objekte dem Kunstmarkt zugeführt werden, um dann in neuen Privatmuseen aufzugehen.[43] Umgekehrt revidieren Unternehmen im Zuge der Finanzkrise ihre Kulturstrategie. In einigen Fällen wurden nach 2008 zunächst Ankaufstopps für Privat- und Firmensammlungen verhängt, ehe die anschließende Preisentwicklung dazu führte, den Abverkauf bestimmter Stücke einzuleiten. Auch die Stiftungen überprüfen längst ihre Engagements. Der Schlingerkurs der Finanzmärkte und die unsichere Wirtschaftslage in vielen Ländern der Welt werden diese Entwicklungen weiter verstärken.

So ist das Museum, wie es sich heute darstellt, in eine Krise geraten. Das heißt zunächst vor allem, dass es keinen Weg zurück zum Status quo des bürgerlichen Museums geben wird – und dies, obwohl uns seine Wesenhaftigkeit bei der Definition dessen, was ein Museum zu leisten habe, gerade im Angesicht des Verlusts doch so zentral erscheint. Wie die zukünftige Art der Ausstellungsinstitution aussieht, die ohne bürgerliche Bildungsparameter operiert und die dementsprechend auch nicht Museum genannt werden, sondern einen neuen Namen bekommen sollte, ist noch unbestimmt. Gefangen mitten im Transformationsprozess können wir lediglich einige zentrale Eigenschaften dieser postmusealen Kulturform erahnen.

Entmusung des Museums

Notwendigkeiten des Marktes erfordern das Marketing. Im Dickicht konkurrierender Botschaften will Aufmerksamkeit gebündelt, wollen Interessen gelenkt werden. Seitdem um 1900 das Produktdesign entstand, erfolgte diese Interessenslenkung über Gestaltung. Sie kann sich, im besten Sinne, dem Wesen des Objekts, das sie gestaltet, anverwandeln, sein Innerstes entäußern und selbst zur Kunst werden. Sie kann, im weniger guten Sinne, das Objekt mit einer Hülle umziehen, die Bedeutung suggeriert und dennoch bloß appliziert ist. Marketing erschöpft sich dann im lautstarken Lob der Oberflächen, Gestaltung wird Ausdruck für den Fetischcharakter[44] einer Ware, deren Zweck sekundär geworden ist: ein Prozess der Entfremdung.

Keine Institution des Kulturbetriebes ist heute von solchen Entfremdungen unberührt – auch nicht das Museum. Seine Besucher sind Kunden, die es abzuholen gilt, um sie mit vielfältigen Möglichkeiten vertraut zu machen. Museen, so heißt es, müssten sich den Bedürfnissen der Menschen anpassen. Es gelte, seine Zielgruppe nicht aus dem Auge zu verlieren. Eine Konsequenz dieser Argumentation ist der Ausbau der an das Museum gegliederten Infrastruktur, des Cafés, der Buchhandlung, der Kinderwerkstatt, des begleitenden Bildungsprogramms, der Workshops, der Vortragsreihen und Führungen, des Medienangebots. Da der Erfolg dieses Ausbaus durch Evaluation gemessen wird, erscheint das Interesse heutiger Museen an ihren Besuchern klar fokussiert: Nicht Inhalte, sondern Besucherzahlen werden abgerufen (analog zu den »Einschaltquoten« des Fernsehens), nicht Qualität, sondern Quantität eruiert, nicht Konstanz, sondern Umschlag gemessen, nicht geistiger Nährstoff abgefragt, sondern die Verkaufsmenge der Gadgets, Gimmicks und Souvenirs.[45] Das Museum ist zu einer Art Warenhaus geworden, das in der Ausstellung Bedürfnisse erzeugt, die es im Shop[46] befriedigt. An die Stelle der immer wieder eingeforderten selbstbestimmten Bildung tritt fremdbestimmter Konsum. Statt Weltwissen zu vermitteln, wird es vom Museum verkauft. Analog zu Theodor W. Adornos Diktum von der »Entkunstung der Kunst«[47] in der Kulturindustrie könnte man diesen Vorgang als »Entmusung des Museums« bezeichnen, eine

Hilfsformel für die derzeit entstehende postmuseale Kulturform.

Dass die Entmusung des Museums mit einer Verdrängung des Inhalts und einer Dominanz der Form einhergeht, scheint eine zentrale Entwicklung.[48] Diese Verschiebung findet im Museumsbauboom der letzten Jahrzehnte ihren treffendsten Ausdruck. Bauwerke sind zum wichtigen Werbeträger der Museen geworden, indem sie die Institutionen durch ihre äußere Gestalt unübersehbar im Stadtraum positionieren und gleichzeitig als »Ikonen« weit über die Stadtgrenzen hinaus bekannt machen. Das kann dann im Extremfall dazu führen, dass es keine Rolle mehr spielt, ob nun in einem Haus Automobile, Fische, bemalte Leinwände oder historische Technik gezeigt wird. Man besucht es ohnehin wegen seiner äußeren Form.

Museumsbauten lassen sich somit als Weiterführung des Produktdesigns mit den Mitteln der Architektur begreifen – leider sind sie oft auch nicht viel mehr. Während Architekten im 18. und 19. Jahrhundert, als sich das Museum als eigener Bautypus herausbildete, darüber nachdachten, welche Anforderungen im Hinblick auf Raum, Lichtführung, Material, Grundrissordnung, Repräsentation, Lager- und Werkstattfunktionen etc. erfüllt werden müssen[49], werden diese Aspekte im heutigen Museumsbau nur selten grundsätzlich hinterfragt und weiterentwickelt. Arbeit an der Typologie, an Aufbau und spezifischer Struktur des Bautyps »Museum«, wird kaum geleistet. Meist ist der »white cube«, als neutrale, flexible und gut veränderbare Form des Ausstellungsraumes, das Mittel der Wahl, unabhängig von den Inhalten der gezeigten Sammlung.

So wiederholen die meisten Museumsbauten[50] der letzten vierzig Jahre affirmativ bekannte Schemata, während die Planer ihre Kreativität auf die Gebäudehülle lenken: Frank O. Gehry, Rem Koolhaas, Zaha Hadid, Daniel Libeskind, Jacques Herzog und Pierre de Meuron, David Chipperfield und andere bedienen ein Bedürfnis nach oberflächlicher Aufmerksamkeit, das Teil einer marktwirtschaftlichen Notwendigkeit im Überlebens- und Legitimationskampf der Museen geworden ist. Sie gestalten die Verpackung einer Ware, die auf dem globalen Tourismusmarkt feilgeboten wird, denn Museen konkurrieren längst nicht mehr nur untereinander, sondern werden im Kampf um die Anziehungskraft ganzer Städte und Regionen eingesetzt.[51]

Für Museumsplaner wie für Architekten war diese Entwicklung zu Beginn des Museumsbaubooms Ende der sechziger Jahre zwar noch nicht abzusehen. Aber schon damals begann der Werbeeffekt als marktwirtschaftliches Kernkriterium für den Bau von Museen wichtig zu werden. In Anlehnung an Robert Venturis 1972 veröffentlichte Schrift »Learning from Las Vegas« sprechen Architekten gern von der »Zeichenhaftigkeit« eines Bauwerks.[52] Venturi veröffentlichte in seinem Buch Fotografien von Donutläden entlang amerikanischer Highways, die man in Form von riesigen Donuts errichtet hatte. Er kommentierte diesen gebauten Kapitalismus mit einer eigenen, comichaften Zeichnung: dem von einer Strahlengloriole umgebenen Kubus, einer gestaltlosen, anonymen Gebäudehülle, auf deren Dach in riesigen Lettern die Aufschrift »I am a monument« prangt. Venturi zeigte damit, durchaus modernekritisch, dass sich der Inhalt eines Bauwerks nicht mehr über seine Typologie erschließt, sondern Form und Inhalt losgelöst voneinander koexisitieren. Das bedeutet auch, dass jede Form dazu dienen kann, Inhalte durch ein neuartiges, aus der kapitalistischen Warenästhetik entlehntes Zeichensystem zu »behaupten«.

Es hat seither viele Ansätze gegeben, Venturis Erkenntnisse fruchtbar zu machen. Im Bereich des Museums war keiner so erfolgreich wie Frank Gehrys zerbeulte Blechbüchse, die als Zweigstelle des Guggenheim-Museums in Bilbao seit 1997 unter dem Motto »I am a Museum« steht. Das in New York beheimatete Guggenheim-Museum, 1939 als Privatmuseum in Form einer Stiftung gegründet, war in den 1990er Jahren die erste Institution, die expansiv wie ein Unternehmen agierte, weltweit Dependancen eröffnete, Allianzen mit Politik und Wirtschaft schmiedete und auf diese Weise für Städte wie dem baskenländischen Bilbao zu einem Schlüsselfaktor der Tourismusindustrie avancierte. Kritiker diffamierten Guggenheim analog zu den Praktiken global agierender Filialbetriebe als »Mc Museum«. Aus heutiger Sicht müsste man freilich eher von einer Guggenheimisierung des Kulturbetriebes sprechen, haben doch die öffentlichen Museen den seitens der Privatmuseen an sie herangetragenen Aufmerksamkeitswettbewerb aufgenommen und sich dabei komplett verwandelt.

Oft ist beschrieben worden, wie in Bilbao die »Neuerfindung« einer einstigen Industriemetropole als Kulturstandort vonstatten ging. Dass dieser stadtmarketinggestützte Strukturwandel auf einem vorgefertigten, austauschbaren Konzept basierte, das überall auf der Welt hätte implementiert werden können, wurde meist verschwiegen. Dabei hat das neue Museum weder institutionell oder strukturell noch historisch etwas mit dem Ort zu tun. Das »Guggenheim« ist weder die Nachfolgeinstitution eines in Bilbao bereits vorhandenen Museums, noch wäre

Guggenheim schon vor der Errichtung des Bauwerks in der baskischen Stadt engagiert gewesen. Geschichte musste also erst gemacht, identitätsstiftende Zusammenhänge mussten erst konstruiert werden: mit den Mitteln des Marketing und der Produktgestaltung. Die Stadt nutzte den eingeführten Namen eines international agierenden »Konzerns«, dieser führte im Kulturbetrieb fest etablierte »Marken« (Serra, Warhol, Koons) nach Bilbao ein und gab dem Ganzen eine den »Kunden« ansprechende Verpackung (Frank Gehry).

Bilbao demonstrierte die Durchschlagskraft einer privatwirtschaftlich dominierten, im Sinne des Neoliberalismus ausgelegten Kulturpolitik. Guggenheim offenbarte erstmals unmissverständlich, dass Museen keine kulturellen Refugien bürgerlich-moralischer Sublimierung mehr sind, sondern im Gegenteil Unternehmen, die Erfolg haben, wenn sie nach marktwirtschaftlichen Regeln agieren. Wenn es aber seither um ein »Museum« als Verhandlungsmasse eines geschäftlichen Deals zwischen Privatwirtschaft (Museumsbetreiber) und öffentlicher Hand (städtischer Standort) geht, so stellt sich die Frage, unter welchen Bedingungen solche Geschäfte ablaufen. Handelte die Stadt Bilbao, vom Niedergang der Industrie, von sozialem Unfrieden und hoher Arbeitslosigkeit geprägt, bei der

Guggenheim-Ansiedlung aus einer Position der Stärke heraus?[53] Handeln andere Kommunen, die sich nach dem baskenländischen Modell zur Gründung neuer oder zur Umstrukturierung vorhandener Museen mit Stiftungen zusammentun, um Kulturprojekte als Public-Private-Partnership[54] zu finanzieren, selbst-bewusst (im doppelten Sinne)?

Haben wir es nicht eher mit handlungsbeschränkten Verwaltungen, klammen Haushalten, getriebenen Politikern zu tun, die das Thema »Museum« mit den Gemeinplätzen »Beschäftigung«, »Bildung« und »Kultur« versehen, tatsächlich aber öffentliches Eigentum privatisieren?[55] Aus deren Sicht müsste der »Bilbao-Effekt« als perfektes Modell erscheinen. Denn statt den mühevollen Transformationsprozess einer erodierenden Industriegesellschaft über Jahrzehnte hinweg mit einer Vielzahl sozialer Maßnahmen zu begleiten, griff man hier zum medienwirksamen Zaubertrick, dessen künstlich generierte Bedeutsamkeit das Schicksal der lokalen Unterschichten grell überblendet. Deren Kulturinteresse wird seither vom Guggenheim-Museum zwar toleriert, aber nicht gefördert: Arbeitslose und Sozialhilfeempfänger zahlen den vollen Eintritt.

Museen jedenfalls werden seit Bilbao trotz aller Risiken und Nebenwirkungen als Katalysatoren kommunaler Entwicklung eingesetzt.[56] Nach einer heute gängigen Auffassung gelten sie als Motoren der Stadterneuerung und des Strukturwandels, als Mittelpunkte der kulturbasierten Wissens- und Bildungswelten, die eine postindustrielle Zivilgesellschaft angeblich braucht. Deshalb gilt mittlerweile für die Reanimation vieler städtischer Brachen dieser Welt eine einfache Formel: Wo nichts mehr geht, kommt die Kultur.[57]

Der seit den 1960er Jahren andauernde, durch den »Bilbao-Effekt« noch einmal verstärkte Museumsbauboom hat eine für die Marktwirtschaft typische Konkurrenzsituation in den Kulturbetrieb eingebracht: Ikonische »Brand-Architectures«, die sich gegenseitig zu übertrumpfen suchen, spiegeln den Wettbewerb um Aufmerksamkeit, Besucher und Verkaufszahlen. Dieser Wettbewerb führte zu einer immensen Aufwertung der Bauaufgabe Museum, die – wie einst der Kirchenbau – heute als Königsdisziplin der Architektur gelten kann. Dass sich dabei Bilbao als Referenzmodell etablierte, zeigen auch die vielen Aufträge, die Frank Gehry seither erhalten hat. Seine Sammlungsbauten stehen mittlerweile in Minneapolis, Seattle, Toronto, Paris, Panama City und Herford, weitere Museen sind in Planung.

Gehry galt ursprünglich als Vertreter des »Dekonstruktivismus«, einer in den 1980er Jahren postulierten, theorielastigen Architekturauffassung, die in mancherlei Hinsicht der Konzeptkunst näher stand als der Baukunst.[58] Er galt als Antiarchitekt, ähnlich wie seine im Museumsbau erfolgreichen Kollegen Zaha Hadid oder Coop Himmelb(l)au. Vielleicht erschien dieser Oppositionsgeist für den Bau neuer Museen gerade deshalb so attraktiv, weil er als Ausdruck einer antibürgerlichen Attitüde verstanden werden konnte, die zahlreiche Museumsmacher nach den Protestjahren um 1968 forciert in die Entwicklung des Museums eingebracht hatten. Aufbrechen und Umdeuten bestehender Ausstellungskontexte war in den 1970er Jahren eine wesentliche Entwicklung der Kunst, die auch auf die Kuratoren übersprang. Man arbeitete sich an vermeintlich leeren Pathosformeln pseudobourgeoiser Selbstbeweihräucherung ab und griff deren Institutionen an. Opernhäuser sollten gesprengt[59] werden, Kunst ging auf die Straße, griff zur Performance, entzog sich der Ausstellbarkeit, verweigerte sich staatlicher Förderung und akademischer Reglementierung. Die Gruppe Coop Himmelb(l)au verkündete lautstark, auch Architektur müsse brennen.

Man kann es als Ironie der Geschichte deuten, dass die Provokateure von einst programmgemäß die Entmusung des Museums einleiteten und damit seine spätere Überantwortung an den Neoliberalismus erst ermöglichten. Sogar die Implementierungen von Public-private-Partnerships, halböffentlichen Stiftungskonstruktionen oder Sponsoring lassen sich in diesem Sinne als Maßnahmen begreifen, die der Auflösung einer obsolet gewordenen staatlichen »Kulturbourgeoisie« dienen. Nur sind die einmal gerufenen Geister der Privatwirtschaft mit einer Rolle als Erfüllungsgehilfe antibürgerlicher Kulturkritik kaum zufrieden: Für ihre Dekonstruktionsarbeit verlangen sie selbstverständlich eine Rendite.

Arbeit am Objekt

Das Museum ist eine Welt für sich.[60] Denn als Erbe der Kunstkammer steht das Museum für ein Abbild der Welt, das einer Ordnung entspricht, die zeit-, orts-, personen- und kontextgebunden entsteht und zur Präsentation von Objekten ausgeformt wird. Bevor es freilich zur inhaltlich begründeten Auswahl von Objekten und deren kuratorischen Zurichtung kommt, gilt prinzipiell: Das Museum kann alles zeigen, was der Fall ist. Daher gibt es auch kein Ding, das dem Museum a priori unwürdig wäre. In solchem Sinne ist das Museum »kurios« und offenbart ein weiteres Stück Erbmasse der Kunst- und Wunderkammern: den Aspekt des Kuriositätenkabinetts. Kurios kann ein Museum durch seinen Sammlungsgegenstand sein, durch ausgestopfte und lebende Tiere, Briefmarken, Spielfiguren, Wachspuppen, Kunstwerke, Marionetten, Bücher, Schriftstücke, Brillen, Nachttöpfe, Fortbewegungsmittel, Knochen, Steine, Sexspielzeug, Hämmer[61], Nudeln[62], Häuser[63], Prothesen (Zähne, Gliedmaßen, Haare), Mumien von Pharaonen, Heiligen und Eunuchen[64] oder Produkte geistiger Abwesenheit, die das »Museum für Gedankenloses« Mitte der 1990er Jahre in Köln ausstellte: zerbogene Büroklammern, bemalte Reclambändchen, Telefonkritzeleien.[65] Kurios kann ein Museum aber auch durch seine Präsentation erscheinen, indem man Gegenstände in fantastische Vitrinenbauwerke oder Kabinettschränke einbettet, Knochen zu Mustern und Schrift an die Wand anbringt oder Dinge einfach auf dem Boden auskippt.

Jedem Ding widerfährt im Museum ein Schicksal der Transformation: Es wird zum Objekt. Das bedeutet, dass es einem bestimmten außermusealen Zusammenhang entnommen und dem konstruierten Sinnzusammenhang des Museums zugeführt wird. Die Aufschrift »Bitte nicht berühren« offenbart bisweilen frappierend, dass ein Gegenstand musealisiert wurde. Der ausgestellte Nachttopf dient eben keineswegs der Erleichterung. Wer ihn benutzt, missachtet, dass das Objekt im Museum keinem niederen Zweck dient, sondern eine andere Funktion bekommen hat. Es steht nun im Kontext einer politischen, kulturhistorischen, ästhetischen, sozialen Erörterung »über die Erleichterung«, die das Museum dem Besucher am Beispiel des Objekts vermitteln will. Die Erleichterung erfolgt also gleichsam auf einer höheren Ebene – allerdings ohne dass dies deshalb dem Besucher unbedingt leicht gemacht werden müsste.

Der Sinnzusammenhang, in den Museumsobjekte eingebettet erscheinen, ist durch ihre von der Kunstkammer ererbte Abhängigkeit von der Politik keineswegs statisch. Im Gegenteil: Das Verhältnis von Museum und Objekt verändert sich ständig, weil sich die politischen Wirkungsabsichten und -zusammenhänge des Museums in der Zeit verändern. So erklärt sich, dass manche Museen beim Besuch altmodisch und unzeitgemäß wirken. Das liegt dann tatsächlich weniger an altmodischer Technik oder unzeitgemäßer Einrichtung als an den veränderten politischen Rahmenbedingungen. Ihnen sieht sich der Besucher gegenüber, der ein fünf, zehn oder zwanzig Jahre altes, unter anderen kulturpolitischen Prämissen eingerichtetes Ausstellungsarrangement durchstreift. Man fühlt sich merkwürdig entfremdet, irritiert, weil die Distanz die Zeitgebundenheit der im Museum getroffenen Aussage deutlich erkennbar macht und die Präsentation überlagert; weil damit plötzlich eine Geschichtlichkeit im Raum steht, die man durch den Transformationsvorgang der Dinge in Objekte ausgeblendet zu haben glaubte, die stattdessen aber plötzlich auf Ausstellung und Museum selber übergreift. In diesem Moment lässt sich erahnen, dass Zeitgebundenheit und Geschichtlichkeit tatsächlich sämtliche Aspekte des Museums durchdringt. Und das gilt für den Umgang mit den Objekten in besonderem Maße.

Präsentationsformen im Museum sind also relativ. Diese Relativität wird noch verstärkt, wenn es um das Problem der Vermittlung der jeweils zugeschriebenen Objektbotschaft geht. »Das einzelne Ausstellungsobjekt informiert nicht an sich, sondern es besitzt eine Anmutungsqualität, die erst in der Verknüpfung mit einem komplexen Netz von Vorverständnis und Information zur Erkenntnis vergangener Wirklichkeit führen kann«, konstatierte der Historiker Hagen Schulze.[66] Das bedeutet zweierlei. Zum einem kann jedes Ausstellungsobjekt – egal wie ein Museum es inszeniert – immer nur ein begrenztes Kontingent an Information vermitteln. Dies gilt, hochgerechnet, dann auch für das gesamte Haus. Beschränkung und Auswahl sind also a priori Teil des Musealisierungsvorganges. Zum anderen ist jede beschränkende Auswahl von Objektinformation – sammeln, bündeln, weglassen, gegenüberstellen, O-Ton, Nacherzählung – eine Form der Interpretation. Dabei ist die Bandbreite der Auswahlmöglichkeit denkbar groß. Man kann ein Objekt als

Einzelstück ausstellen oder es auf verschiedene Weise in einen Zusammenhang zu anderen Objekten bringen – man kann sich auch gegen seine Präsentation entscheiden. Gleiches gilt für die Zusatzinformationen zum Objekt, wenn es darum geht, den Besuchern Begleittexte, Bilder oder Karten zur Verfügung zu stellen – oder eben gerade nicht. In der Summe prägen die Einzelentscheidungen ganze Häuser und verändern den Charakter einer Museumspräsentation grundlegend.[67]

Es lässt sich leicht vorstellen, dass drei Experten mit drei verschiedenen Intentionen in drei verschiedenen Museen drei ganz eigenständige Ausstellungen machen würden, selbst wenn sie die gleichen Objekte und Grundinformationen zur Verfügung hätten und einen gleichwertigen Erfahrungshorizont mitbrächten. Man kann sich aber auch vorstellen, dass jede der drei Ausstellungen in sich konsistent, in ihrer Objektinszenierung überzeugend, in ihrer Aussage schlüssig sein könnte. Wenn das aber so ist, so müsste man das Museum als eine Art Paralleluniversum der Gesellschaft ansehen, wie geschaffen dafür, mithilfe von Ordnung und Auswahl von Wissen ein geschlossenes Weltbild entstehen zu lassen: eine Ideologie.

Dass diese Möglichkeit nicht unbedingt eine Gefahr sein muss, hat Friedrich Schiller am Beispiel des Mannheimer Antikensaals 1785 beschrieben: »Empfangen von den allmächtigen Weihen des griechischen Genius trittst du in diesen Tempel der Kunst. Schon deine erste Überraschung hat etwas ehrwürdiges, heiliges. Eine unsichtbare Hand scheint die Hülle der Vergangenheit vor deinem Aug wegzustreifen, zwei Jahrtausende versinken vor deinem Fußtritt, du stehst auf einmal mitten im schönen lachenden Griechenland, wandelst unter Helden und Grazien, und betest an, wie sie, vor romantischen Göttern«, schreibt er zunächst zum überwältigenden Gesamteindruck der Sammlung, um dann die Finessen der Präsentation zu würdigen: »Schon die Aufstellung der Figuren erleichtert ihren Genuß um ein großes. Lessing selbst, der hier gegenwärtig war, wollte behaupten, daß ein Aufenthalt in diesem Antikensaal dem studierenden Künstler mehrere Vorteile gewährte, als eine Wallfahrt zu ihren Originalen nach Rom, welche großenteils zu finster, oder zu hoch, oder auch unter den schlechteren zu versteckt stünden, als daß sie der Kenner, der sie umgehen, befühlen und aus mehreren Augenpunkten beobachten will, gehörig benutzen könnte.«[68] Die Aufstellung der Skulpturen im Museum hat für den Kenner offenbar nur Vorteile gegenüber ihrer Aufstellung am historischen Ort: Schiller begreift die Entkontextualisierung als Gewinn – unter der Voraussetzung freilich, dass der Betrachter des 18. Jahrhunderts diesen Kontext durch seine spezifische eigene Vorbildung (die zu anderen Zeiten anders ausfallen muss) einzubringen vermag. Dass auch in Mannheim die Musealisierung der Figuren ein erster, wesentlicher Schritt ihrer Interpretation gewesen ist – und als solches ein politischer Vorgang –, spielte für den enthusiastischen Schiller noch keine Rolle.

Erst in der Moderne begannen zahlreiche Disziplinen, die Grenzen, Gesetze und Eigendynamiken der von ihnen genutzten Medien intensiv zu hinterfragen, allen voran die Künste. Der Fotograf Helmar Lerski beispielsweise inszenierte 1936 in einer Serie von beinahe 200 Aufnahmen vor der Kamera das immer gleiche männliche Modell. Es ging ihm darum, den Charakter der Bilderscheinung – und damit die Aussage über den abgelichteten Mann – zu verändern, indem Lichtsetzung oder Ausschnittwahl minimal variiert wird.[69] Raymond Queneau wiederum erzählte in seinen »Exercices de style« (1947) einen kurzen Sachverhalt in 99 »Stilen«. Die sprachliche Hülle prägt dabei auch die inhaltliche Aussage derart, dass der Sachverhalt verändert erscheint.[70]

In den letzten dreißig Jahren hat sich das Ausstellungswesen stark professionalisiert. Unter dem Begriff der »Museology«, die als Museologie[71] die einstige Museumskunde[72] verdrängt und stark erweitert hat, werden heute Seminare und Workshops, Aufbaustudiengänge und Publikationen angeboten.[73] Da die »Museology« sich neben praktischen, technischen oder rechtlichen Fragen auch auf einer theoretischen Ebene den Chancen und Risiken der Musealisierung von Objekten widmet, kann man davon ausgehen, dass das Thema mittlerweile im Bewusstsein vieler Ausstellungsgestalter verankert ist.[74] So offenbart die weitverbreitete Berufsbezeichnung »Kurator« die Erkenntnis, dass Objekte einen hegenden, pflegenden, seines Waltens bewussten Vormund brauchen.[75] Und dass heute etliche Museen über die Objekte hinaus auch die Geschichte ihrer Sammlungen[76] zum Gegenstand machen, zeigt, dass man längst offensiv versucht, eindimensionale Narrative aufzubrechen, um vielschichtige Zugänge zu ermöglichen; dass man das Eigeninteresse des Besuchers auch dahingehend zu stärken sucht, nicht nur Objekte und Objektinformationen, sondern auch die Museumspräsentation als Ganzes kritisch zu hinterfragen.

Man könnte dieses Verfahren durch »Stilübungen« im Museum auf die Spitze treiben, und sei es als exemplarisches Lehrmodell. Warum nicht den gleichen Raum in drei Varianten inszenieren, direkt nebeneinander? Warum nicht ein Einzelobjekt mehrfach, durch vier, fünf unterschiedliche Medienarten vermitteln, dabei aber die Medien selbst und ihre jeweilige Aussage über das Einzelobjekt zum Thema machen? Warum nicht zur Sammlungs- und Inszenierungsgeschichte eines Museums auch die politischen Absichten der Gegenwart offenlegen, indem man auch die – auf ihre eigene Weise ja immer äußerst einflussreiche – Verwaltung des Museums musealisiert? Dies und Ähnliches könnte sich als lohnenswertes Experiment entpuppen: für die Besucher, aber auch für die Macher selbst. Man muss es dabei keineswegs bis zum Metamuseum treiben. Aber die Museologen und Kuratoren könnten die Besucher an ihrem Wissen um die Relativität ihrer Möglichkeiten der Musealisierung teilhaben lassen, indem sie ihnen eine Art einleitende »Gebrauchsanweisung« zur Verfügung stellten, die die von ihnen erwogene Bandbreite an Präsentations- und Ordnungsmöglichkeiten vorführt. Auf diese Weise würden auch die Gründe plausibel gemacht, warum sie sich aus der Vielfalt möglicher Inszenierungsformen für eine bestimmte entschieden haben.

Noch einmal zurück zu dem Versuch, die kuriosen Vorgänge im Museum zu definieren: Musealisieren bedeutet, in einem Akt kulturpolitischer Aneignung, Dinge ihren Ursprungszusammenhängen zu entreißen, zum Objekt umzucodieren und einer Ordnung zu unterwerfen, die aufgrund ihrer politischen Funktion einer Eigendynamik gehorcht, die ständige Uminterpretation erzwingt. Diese Transsubstantiation zum Objekt ist das Ergebnis eines kulturellen Veredelungsrituals. Sie verlangt Glauben und Ehrfurcht, die sich in jenem Schweigen ausdrückte, das seit ehedem mit der sakralen Weihe des Museums verbunden ist – und das auf ideale Weise das Wesen des Museums verbrämt, das in Wahrheit natürlich kein Hort ewiger Wahrheiten und unfehlbarer Verkündigungen ist[77], sondern ein Ort des permanenten Ausnahmezustandes, des kontinuierlichen Umbruchs und der Krise. Gleichwohl verleiht die Transsubstantiation dem Objekt eine Aura. Ganz so wie beim Reliquienkult wird diese Aura im Museum ausgestellt.[78] Ausstellen – Exponieren, Bloßstellen, Darstellen – bedeutet für den Kurator dann, die Auren zu verwalten. Denn im Museum können sie sich gegenseitig blenden, stören, überbieten. Genau betrachtet handelt es sich bei diesen in einem Museum unvermeidlichen Vorgängen um Klitterung. So ist das Museum seinem Wesen nach, immer und von jeher: institutionalisierte Klitterung.

Der Kurator hantiert im Museum mit Objekteigenschaften, die für einen Gegenstand »in Freiheit« keine Rolle spielen. Er argumentiert mit Faktoren, die nur im Museum Relevanz besitzen. Wer eine Ausstellung einrichtet, fragt nach der »Anziehungskraft« eines Objekts auf den Betrachter genauso wie nach seinem »Fesselungsvermögen«. Dabei kann es darum gehen, Besucher in bestimmte Ausstellungsbereiche zu locken oder Flächen in ungünstig geschnittenen Räumen auszunutzen.[79] Oder man versucht, die Aufenthaltsdauer an einem bestimmten Ort, vor einem bestimmten Objekt zu verändern.[80] »Anziehungskraft« und »Fesselungsvermögen« von Objekten zu bestimmen ist dazu genauso unerlässlich, wie ihre »kommunikative Impulswirkung« zu kennen, eine Form der narrativen Eigendynamik, die ein Objekt im unnatürlichen Kontext des Museums möglicherweise derart kraftvoll entfaltet, dass die beigegebene Beschriftung auf ein Mindestmaß reduziert werden kann. Die eingesparte Informationskapazität lässt sich dann auf ein anderes Objekt von weniger schlüssiger »kommunikativer Impulswirkung« verlagern. Warum? Weil die Aufnahmefähigkeit des Museumsbesuchers insgesamt immer begrenzt ist. Es gilt daher zu abzuwägen, welche ausstellungsrelevante Information an welcher Stelle der Schau dargereicht werden kann, um dem Besucher am Ende einen möglichst großen Teil der Botschaft vermittelt zu haben. Das war, auf einem anderen Niveau, bereits in der Kunstkammer und in den bürgerlichen Museen so gewesen. Umgekehrt mag auch noch heute vieles beim Einrichten von Ausstellungen Intuition sein, zumal wenn erfahrene Kuratoren zu Werke gehen. Gleichwohl bietet ihnen die im Rahmen der amerikanischen Museumssoziologie der 1970er Jahre unter den Begriffen von »attracting power«, »holding power« und »communication power«[81] entwickelte Trias der Objekteigenschaften im Museum praktische Hinweise.

Im Zusammenhang mit dem Gesagten lässt sich erahnen, welch eklatante Folgen die Eigendynamik der Musealisierung für den Besucher hat. In seiner Rolle als Betrachter wird er nahezu ständig manipuliert. Das unmittelbare Gegenüber von Benutzer und Ding (man erinnere sich an den Nachttopf), wie man es in der realen Welt vorfindet, ist im Museum zum mittelbaren Verhältnis von Besucher und Objekt herabgestuft, vielfach verunklärt durch die politischen Filter von Objektauswahl, Informationsauswahl und Ausstellungsgestaltung. In diesem Zusammenhang sei ein Satz aus Immanuel Kants »Kritik der reinen Vernunft« zitiert: »Daß alle unsere

Erkenntnis mit der Erfahrung anfange, daran ist gar kein Zweifel; denn wodurch sollte das Erkenntnisvermögen sonst zur Ausübung geweckt werden, geschähe es nicht durch die Gegenstände, die unsere Sinne rühren und teils von selbst Vorstellungen bewirken, teils unsere Verstandestätigkeit in Bewegung bringen, diese zu vergleichen, zu verknüpfen oder zu trennen und so den rohen Stoff sinnlicher Eindrücke zu einer Erkenntnis der Gegenstände zu verarbeiten, die Erfahrung heißt?«[82] Das Museum ist also eine mächtige Instanz, die sich mit großem Aufwand zwischen Objekt und Besucher schiebt und beide intellektuell auseinandertreibt. Wo aber die Unmittelbarkeit zum Objekt fehlt, fehlt auch die Möglichkeit des notwendigen Austauschs. Zugespitzt kann man sagen: Das Museum verhindert Erfahrung.

Im Hinblick auf die aktuelle Entwicklung kann man weiter sagen: Das entmuste, postmuseale Museum verhindert Erfahrung und setzt an ihre Stelle das Surrogat der Vermittlung, die in vielen Abstufungen auf das vermeintliche Zielpublikum zugeschnitten wird. Im Guggenheim-Museum von Bilbao werden beispielsweise täglich sieben verschiedene »Routen« für unterschiedliche Besuchertypen angeboten. Die »Express Tour« dauert 45 Minuten. Wer »A day at the Museum« verbringen will, braucht 5 Stunden Zeit. Interessiert man sich nur für die Architektur, dauert es 90 Minuten – bezeichnenderweise doppelt so lang wie der schnelle Gang durch die Sammlung. Eine »Family Tour«, die besonders auf Kinder eingeht, dauert ebenfalls 90 Minuten. Gleiches gilt für die Route »We recommend«, eine Art Best-of-Führung für »Insider«, die immer wieder neue Schlaglichter setzt und bei der sich der Kunde als heimlicher Kenner fühlen darf. Zuletzt kann man zwischen einer Führung durch die ständige Guggenheim-Collection (90 Minuten) oder die gerade laufende Sonderausstellung (40–60 Minuten) wählen.[83]

»Die Leidenschaft zum Antasten, kein Werk sein zu lassen, was es ist, ein jegliches herzurichten, die Distanz zum Betrachter zu verkleinern, ist unmissverständliches Symptom« einer Tendenz, die Theodor W. Adorno »Kulturindustrie« nannte.[84] Tatsächlich aber ist das kulturindustrielle Verhältnis von Betrachter und Objekt durch die Vergrößerung von Distanz geprägt, indem die – im Museum ohnehin unterbundene – unmittelbare Objekterfahrung durch Vermittlungsarbeit vollends unmöglich wird. Warum Besucher das akzeptieren, ist schwer zu erklären. Aber es hängt sicher damit zusammen, dass sie sich wirklich einen »Insider-Blick« durch wissenschaftlich geschulte Kuratoren erhoffen. Sie meinen, die eigene Zwangsdistanzierung könne durch den Bericht eines Menschen, der durch seine ihm zugeschriebene Fachkompetenz dem Objekt vermeintlich näher steht als sie, kompensiert werden. Doch wie sollte das möglich sein?

Die der Musealisierung geschuldete dingliche Entkontextualisierung ist keine Einbahnstraße: Das Museum nimmt – das Museum gibt auch. Es entzieht dem Ding seinen Gebrauchswert, verleiht dem aus ihm hervorgegangenen Objekt dafür den auratischen Zeugniswert. Beide »Aggregatzustände« finden ihre Entsprechung auf materieller Ebene, auf der die wundersame Wandlung gespiegelt wird: Der Gebrauchswert eines Dings entspricht den Herstellungskosten oder dem Ladenpreis – der Zeugniswert eines Objekts entspricht der Versicherungssumme oder einem Auktionsergebnis. Was bei dieser Wertumkehrung passieren kann, verfolgt man bisweilen fasziniert und ungläubig. Eine bemalte Leinwand ist plötzlich mehr wert als eine Schubkarre voll Gold. Ja, ein einzelner Goldklumpen kann ein Vielfaches dieser goldgefüllten Schubkarre kosten, weil er durch die Mechanismen der Musealisierung aufgewertet wurde.

So gesehen lässt sich das Museum als eine Maschine zur Werterzeugung begreifen. Im Inneren seiner Mechanik wirken die Räder und Hebel der kuratorischen Interpretation von Ausstellung, Katalogbeitrag, Führung etc. Sie sorgen für eine Wertverschiebung, die selbstverständlich auch im Negativen funktioniert. Ein Kunstwerk wird abgeschrieben, als Fälschung, als epigonal deklariert, wandert ins Depot, hat keine kuratorische Relevanz mehr. Sein Wert sinkt ins Bodenlose. Die Museumsgeschichte zeigt, wie allein durch rhetorische Umprägung Werte erzeugt und vernichtet werden. Auch diese Eigenschaft des Museums kommt – aus der Kunstkammer. Deren fürstliche Sammler hatten sich mit Alchimie beschäftigt, um Stein in Gold zu verwandeln. Das allerdings ist ihnen die längste Zeit verwehrt geblieben, weil sie die Lösung des Problems auf naturwissenschaftlichem Weg suchten, statt es mithilfe geisteswissenschaftlich legitimierter Gedankenkonstrukte anzugehen. Mit der Erfindung des Museums und seinen Mechanismen der fiktiven Wertzuschreibungen wurde der Fall gelöst.

Kuratorische Erosionen

1970 diagnostizierte der amerikanische Publizist Alvin Toffler die psychische Entwurzelung des Menschen als Ergebnis einer technologischen Totalrevolution. Merkmale dieser ständigen Umwälzung sind die überfordernde Vielfalt von Produkten, deren ständige Neuartigkeit und die daran gekoppelte rasante Vergänglichkeit. Menschen, die sich im Fegefeuer der kapitalistischen Glücksseligkeit nicht mehr zurechtfinden, leiden Toffler zufolge an einer brandgefährlichen Zivilisationskrankheit, dem »Future Shock«. Denn die Trias aus Vielfalt, Neuartigkeit und Vergänglichkeit bestimme ihre mentale Verfassung: Ohne Erdung und Rückhalt rennen sie ständig wechselnden Leitbildern hinterher, gehen nutzlosen Prophetien, Scharlatanerien und Lügen auf den Leim. Manche von diesen Menschen mögen dann ins Museum eilen, um dort Ordnung, Klarheit, ja Erlösung zu finden. Dabei führt gerade das Museum den Toffler'schen Kosmos idealtypisch vor: Fast immer übersteigt seine Vielfalt die Aufnahmefähigkeit der Besucher. Und fast ständig werden Museen umstrukturiert, sind also entweder gerade neu oder harren bereits ihrer eigenen Geschichtlichkeit.

Diese Umstrukturierung betrifft für den Besucher sichtbar die Sammlungen und Präsentationen. Sie reicht aber meist viel tiefer und betrifft Bereiche, die der Öffentlichkeit verborgen bleiben. Umstrukturierbar sind in einem Museum prinzipiell sämtliche denkbaren Parameter der Institution: das Personal und die Finanzierung, die Satzung und die Trägerschaft, das Bauwerk und sein Standort, der Parcours durch die Ausstellung, die Objektauswahl und die Präsentation, die Beschreibung und Beschilderung der Objekte, das pädagogische Rahmenprogramm etc. Alles kann ausgetauscht werden, alles erneuert, verändert, verbessert, verschönert, natürlich aktualisiert und dem neuesten Stand angepasst.

Gründe für eine Umstrukturierung scheint es zahlreich zu geben – manche davon sind plausibel und nachvollziehbar. Doch wann befriedigen die Ergebnisse? Angesichts einer »Neuordnung der Berliner Nationalgalerie« stöhnte der Kunstkritiker Karl Scheffler 1923: »Diese Neuordnung ist ungefähr die fünfundzwanzigste wird aber als die endgültige bezeichnet. Die Nationalgalerie, heißt es, wäre jetzt, was sie sein soll.«[85] Knappe zehn Jahre hat Ludwig Justis Neuarrangement dann gehalten.[86] Und gut fünfundzwanzig Mal, wenn nicht häufiger, ist die Nationalgalerie seither erneut umgeräumt worden, Aktion »Entartete Kunst«, Kriegszerstörung, Neubauten, Teilung und Wiedervereinigung eingerechnet.

Schon weiter oben wurde gesagt, dass der Anlass einer Umstrukturierung im Museum weniger in technischen oder wissenschaftlichen Innovationen als in politischen Absichten gesucht werden muss. Stuft eine Institution das eigene Ausstellungskonzept als obsolet an, so ist dies faktisch immer ein vorgeschobener Umstrukturierungsgrund. Das zeigt beispielhaft ein Auszug aus dem Text »Das Naturkundemuseum als Stätte der biologischen Erziehung des Volkes« von 1936, der eine Neuordnung nach drei Aspekten vorschlägt: »1. Lebensform der Heimatkultur. 2. Rassenkunde und Vererbung. 3. Der Mensch. Diese drei Hauptgesichtspunkte lassen sich selbstverständlich nicht überall gleichzeitig mit derselben Betonung berücksichtigen. In einem Museum kann man das Material sehr gut heimatkundlich aber schlecht rassenkundlich verwerten, in einem anderen ist es wieder umgekehrt. Werden aber mehrere Gesichtspunkte betont, dann ist es aus rein pädagogischen Gründen notwendig, das in geschlossenen Sonderabteilungen zu tun. Die Trennung derselben voneinander muß sowohl räumlich als auch durch die Art der Aufschrift geschehen. Der Besucher soll die der Auswahl des jeweilig Dargebotenen zugrunde liegende Idee sofort erkennen.«[87]

Wir müssen davon ausgehen, dass aus Sicht des Textverfassers ein Museum vor der Implementierung seiner Neuordnungsvorschläge auf sämtlichen Ebenen als unbrauchbar zu gelten hatte: technisch, kommunikativ, von den Objekten her – aber eben auch und gerade in politischer Hinsicht (in diesem Falle, weil es der NS-Rassenideologie entsprechen musste). Und genau dies trifft in regelmäßigen zeitlichen Abständen immer wieder zu und lässt sich im Angesicht unaufhaltsamer geschichtlicher Fortentwicklung auch niemals stoppen. Man könnte also mit Karl Scheffler formulieren, Museen seien dazu verdammt, immerfort zu werden und niemals zu sein. Die ehrliche Konsequenz aus dieser Erkenntnis wäre dann ihre vollständige Umwandlung in Wechselausstellungshäuser, in denen die Präsentation der festen Sammlung auf einen Kern reduziert ist und die dem permanenten Anschauungswandel unterworfenen Objektbezüge offensiv inszeniert werden.

Begreift man Museen aufgrund ihres politischen Wesens als Institutionen, in denen sich Gesellschaft abbildet, so gehen ihre Botschaften weit über die Ordnung und Vermittlung von Wissen hinaus. In einer musealen Szenografie spiegelt sich die soziale und politische Ordnung, wie sie zum Zeitpunkt seiner Einrichtung eingefroren wurde. Um eine solche Präsentation zu analysieren, wird man dann jeweils ergründen müssen: *Wer* ordnet und präsentiert *was* und für *wen*?

Über das *was* wurde weiter oben anhand der Schlagworte »Objekt« und »Musealisierung« gesprochen. Nähern wir uns nun der Frage, *für wen* im Museum Wissen aufbereitet wird, oder anders: Wie stellt sich ein Fachmann den Laien, also der »Sender« seinen »Empfänger« vor? Einer der vorgeschobenen Antriebsgründe für museale Neupräsentationen ist oft ein Gefühl des Kommunikationsverlusts. Einerseits begreift sich der Kurator als Forscher. Andererseits soll er wissenschaftliche Erkenntnisse allgemeinverständlich aufbereiten und einem Publikum vermitteln, das den Fachdebatten fernsteht und über deutlich geringere Voraussetzungen für das Verständnis eines Gegenstandes verfügt als die Kollegen, mit denen er sich sonst austauscht. Die Kunst besteht also darin, sich zunächst den für das von der Institution angesprochene Publikumssegment typischen Besucher zu imaginieren, sich anschließend in seine Bedürfnisse und Interessen hineinzudenken.

Dieses Vorgehen war lange vor Beginn der Entmusung des Museums virulent. Als 1930 die Städtische Kunstsammlung Leipzig »mit einem neuen Leiter eine neue Ordnung«[88] erhielt, war das Verhältnis von Angebot und Nachfrage ausschlaggebend für die Neugestaltung. Anders als im Museum des 19. Jahrhunderts sollte der Besucher fortan aufgrund angenommener mangelnder Bildungsvoraussetzung nicht mehr im bürgerlichen Sinne »belehrt« werden. Das Museum sollte ihm – man höre und staune – vielmehr »Erlebnis« sein.[89] Diese frappierende Verschiebung vom geistigen zum emotionalen Mehrwert kommentierte der Korrespondent der Zeitschrift »Kunst und Künstler« zeitgenössisch so: »Sammlungen wie dem Louvre oder dem Mauritshuis kommt ein Gesamterlebniswert zu. Man verlässt sie mit einem Klang im Herzen, der durch ein Leben nachzuschwingen vermag und in dem sich die vielen einzelnen Eindrücke zu einem vollen Akkord verbinden. [...] Immer waren es die Künstler selbst, denen es auf den reinen Eindruck ankam und Hugo von Hofmannsthal mußte sich verwandt berührt fühlen, wenn er in der von Hugo von Tschudi neugeordneten Pinakothek einen unvergesslichen Eindruck empfing. Er formulierte das Prinzip, von dem Tschudi ausgegangen war: ›Sein für das Schöne wahrhaft empfindliches Gefühl hatte erkannt, dass von einer gewissen Zahl an nur noch der Gelehrte oder der stumpfe Beschauer auf seine Rechnung komme, nicht mehr der mit Feuer genießende Liebhaber.‹ Und diesem, der nicht belehrt, sondern gepackt sein will, sollte sich heute das Gesicht einer Sammlung entschieden zuwenden.«[90]

Die hier formulierte, historisch gewordene Erkenntnis wird man im Museum so oder ähnlich auch heute noch antreffen (und sei es als Gegenstand der Kritik). Allein die Mittel und Wege, den Besucher zu »packen«, ihn »abzuholen, wo er steht«, sich seinen Bedürfnissen anzunähern, unterscheiden sich. Manche Museen bauen ihr pädagogisches Rahmenprogramm zu regelrechtem Infotainment aus, während andere es mit einem »Audioguide« bewenden lassen, der dem Besucher die Informationsauswahl selbst anheimstellt. Wieder andere Häuser passen ihre Präsentationsmethoden den vermeintlichen Rezeptionsgewohnheiten der Besucher an, indem sie eine enorme Vielzahl an Medienarten zum Wissenstransfer vorhalten. Im London History Museum etwa, das ich 2010 besuchte, sind die Themen der Stadtentwicklung an Zeitachsen aufgereiht, sekundiert von Theateraufführungen, Diashows, Filmsequenzen, interaktiven Displays, Hörstationen, Quizspielen, Texten, Bildern, Modellen, Karten, Gemälden, etc. – kurzum: ein Overkill.

Manchmal führt der Versuch, sich in die Besucher einzufühlen, auch ganz vom Museum weg. In New York veranstalten Museum of Modern Art, Guggenheim, Natural History und Brooklyn Museum regelmäßig sogenannte Crazy Nights. Die Ausstellungshäuser verwandeln sich dabei – bei freiem Eintritt – in Diskotheken, Varietétheater, Restaurants oder Jazzclubs. Statistisch gesehen dürften solche Extrembeispiele der Entmusung des Museums als Erfolge verbucht werden. Aber im Hinblick auf unsere Ausgangsfrage zeigen derartige Versuche, die Aufmerksamkeit der Menschen zu erheischen, doch vor allem, wie sehr der Besucher dem Museum ein unbekanntes Wesen geblieben ist.

Es bleibt, den ersten Bestandteil der Frage »*Wer* ordnet und präsentiert *was* und für *wen*?« zu erörtern: *Wer* ordnet? Im Vergleich zur fürstlichen Kunstkammer und zum bürgerlichen Museum, die unter klaren kulturpolitischen Vorgaben entstanden waren und zur Ordnung ihrer Bestände entsprechende wissenschaftliche Expertise eingeholt hatten, lässt sich dies für heutige Museen nicht ganz leicht beantworten. Das betrifft schon die Ebene des Auftraggebers, im Fall von staatlichen Einrichtungen also die politische Verwaltung, deren Kompetenzen durch Gesetze, Verordnungen und Satzungen umschrieben werden, aber durch privatwirtschaftliche Kopplungen (Sponsoring, Drittmittel, Public-private-Partnership, Stiftungsmodelle) stark erweitert und verändert erscheinen. *Wer* ordnet also mit welchen Geldern? Ordnen die verschiedenen Partner im gleichen Haus an gleicher Stelle? Können sie unterschiedliche Interessen verfolgen? Wie können Interessensunterschiede ausgehandelt werden? Wie wirken diese Aushandlungen auf den Umgang mit den Objekten, die Einrichtung von Ausstellungen und die Gestalt des Museums?

Von den Auftraggebern zu den Mitarbeitern. Wenn jede Veränderung politischer Rahmenbedingungen auf die Museen einwirkt und auf diese Weise den Umbau der Sammlungen und die Neupräsentation der Objekte auslöst, so sind zur Umsetzung dieser Transformationen immer Menschen nötig. Diese Wissenschaftler, Kuratoren, Techniker, Gestalter und Bürokräfte erneuern derzeit Museen im Auftrag einer fortschreitend teilprivatisierten Kulturverwaltung – und deren Arbeitnehmerverhältnis ist dabei selbst von Teilprivatisierung geprägt. Das Ideal des jovialen, verbeamteten Staatsdieners, der in jahrelangem Trott seiner Arbeit im Museum nachkommt, ist längst einer anderen Berufsrealität gewichen: dem drittmittelgeförderten Gastkurator mit temporärem Werkvertrag, versichert über die Künstlersozialkasse, steuerrechtlich am Rande der Scheinselbstständigkeit, gegenwärtig prekär, prospektiv ein Fall von Altersarmut.

Unter solchen Rahmenbedingungen halten heute Museumsmitarbeiter überall auf der Welt den Ausstellungsbetrieb aufrecht. Sie sorgen für den permanenten Umschlag der Präsentationen, fesseln Kunden und Konsumenten, sind immer »auf dem neuesten Stand«. Dabei werben sie Gelder ein, mit denen sie selbst bezahlt werden. Sie leihen sich Objekte zusammen, um sie ausstellen zu können, weil die eigenen Bestände längst verkauft worden sind. Sie koordinieren externe Szenografen, Designer, Lichtregisseure, Ausstatter, die eigene, oft quer zu den Inhalten der geplanten Ausstellung liegende Vorstellungen einbringen. Sie füllen Objektlisten, rahmen Bilder, verrücken Skulpturen, reinigen Vitrinen, fegen Flure. Ihre Katalogtexte schreiben sie zu Hause nach Dienstschluss oder im Urlaub. Sie füllen Formulare aus, kämpfen mit der Verwaltung, verwalten sich selbst. Sie organisieren Vernissagen, das Begleitprogramm, den Audioguide, das Catering und am Morgen nach der Eröffnung die fehlenden Objektbeschriftungen. Sie sind die Märtyrer des Systems, die letzten Moralisten in einer Ordnung jenseits der Moral. Und obwohl sie trotz der beschämenden Rahmenbedingungen immer wieder Erfolge feiern, fühlen sie sich so entwurzelt, wie Alvin Toffler es 1970 beschrieben hat: »Oberflächlich betrachtet mag das Aufkommen temporärer Organisationen unwichtig erscheinen. Doch zerstört diese Organisationsweise die traditionelle Konzeption einer Organisation, nach der sich diese aus mehr oder weniger dauerhaften Strukturen zusammensetzt. Wegwerf-Organisationen, ad hoc gebildete Teams oder Ausschüsse, ersetzen zwar nicht unbedingt dauerhaft funktionale Strukturen, ändern sie jedoch bis zur Unkenntlichkeit und entziehen ihnen Menschen und Befugnisse.«[91]

Die Entwurzelung des Personals wirkt zwangsläufig auf das Museum zurück, und dies in paradoxer Weise: Denn gerade weil die Kuratoren alles dransetzen, den Betrieb aufrechtzuerhalten, gibt es jene Normalität, die sie herzustellen versuchen, nicht mehr. Sie sind gleichsam – ohne es zu wollen – die Erfüllungsgehilfen eines Transformationsprozesses, der sich gegen sie selber richtet. Das betrifft dann neben dem formalen Verhältnis zur Arbeit auch die Inhalte, denn die Auflösung verbindlicher Zusammenhänge, klarer Aussagen, fixer Beziehungen überträgt sich auf die Objekte. Weil die Arbeitsbedingungen dem Kurator die Möglichkeit kritischer Selbstreflexion rauben degeneriert er auch auf dieser Ebene zum Erfüllungsgehilfen: Er agiert ferngesteuert im Sinne der politischen Tendenz, die den Umbau des Museums vorantreibt. Seine Kreativität wird erdrückt von den Rahmenbedingungen, seine Funktion als Korrektiv, als Kommentator, als kritisches Gegenüber der Kulturpolitik, als Intellektueller, Fachmann und Mensch ist marginalisiert. Die kulturpolitische Absicht hinter dem Museum kann dann ohne Reibungsverlust umgesetzt werden und ungefiltert in die neue Ausstellungspräsentation einfließen.

Musealisierte Wirklichkeiten

Gut zwei Wochen nach dem Attentat auf den Berliner Weihnachtsmarkt im Dezember 2016 erschien in zahlreichen deutschen Medien ein Text mit der Überschrift »Lastwagen des Terroranschlags könnte ins Museum kommen«. Es handelte sich um ein Gespräch, das die Presseagentur dpa mit dem Präsidenten der Bonner Stiftung »Haus der Geschichte der Bundesrepublik Deutschland«, Hans Walter Hütter, geführt hatte.[92] Hütter begründete den Anspruch seines Hauses, das Tatfahrzeug in die Bonner Ausstellung integrieren zu wollen, mit folgenden Sätzen: »Wenn ein Thema von gesellschaftlicher Relevanz ist, und das ist in diesem Fall ja in der Tat so, dann gehört es zu unserer Geschichte, ob wir das wollen oder nicht. Und wenn wir den Auftrag haben, das materielle Erbe der Vergangenheit zu bewahren, dann gehören auch solche Themen dazu.« Als Vorbilder verwies er auf das Amsterdamer Rijksmuseum und das Heeresmuseum Wien, die im Besitz der Waffen seien, mit denen der Politiker Pim Fortuyn 2001 in Hilversum bzw. der österreichische Thronfolger Franz Ferdinand 1914 in Sarajewo ermordet wurden. Seit einigen Jahren sei in Bonn zudem die Tür eines Bundeswehrfahrzeugs zu sehen, das bei einem Einsatz in Afghanistan beschossen wurde. Hier ließen sich Hütters Meinung nach Parallelen zur Präsentationsform und zu den Inhalten erkennen, die eine Ausstellung des Berliner Lasters plausibel machten.

Trotz seiner Kürze ist dieses Interview so etwas wie ein Schlüsseltext. Denn in sechs knappen Antworten formuliert Hütter eine nahezu erschöpfende, für heutige Museen kennzeichnende Selbstauffassung. Da ist zunächst der Anspruch, Geschehnisse (oder auch Artefakte) der Gegenwart und jüngeren Vergangenheit zu sortieren und nach geringem zeitlichem Abstand im Hinblick auf ihre »gesellschaftliche Relevanz« zu ordnen. Das Museum ist demnach eine Institution, die Geschichte nicht allein verwaltet, sondern schreibt. Im Weiteren erläutert Hütter, wie dieser Anspruch eingelöst werden kann, indem er auf die gängigen Mittel kuratorischer Praxis verweist: Stellvertretend für einen als historisch definierten Sachverhalt müssen Objekte gefunden werden, die die relevanten Zusammenhänge anschaulich und facettenreich spiegeln. Hernach werden diese Objekte

»kontextualisiert«, was angesichts der Themenfelder Terrorismus und Gewalt das »notwendige Augenmaß« verlangt. Hütter: »Man braucht also ein ganzes Konvolut von aussagekräftigen Objekten, Dokumenten, Fotos, Ton- und Filmbeiträgen«, die sämtlich ausgewählt, interpretiert und dann ins Verhältnis gesetzt werden können.

Liest man Hütters Aussagen genau, so wird deutlich, dass ihm die Eigendynamik seiner Museumsarbeit durchaus bewusst ist. Dabei geht es ihm vordergründig keineswegs um die Relativität historischer Interpretationen, um die Geschichtlichkeit des Museums, das sich in Objektauswahl, Objektbeziehungen und Objekterläuterungen jedem aufmerksamem Museumsbesucher offenbart. Hütter zielt vielmehr auf die Ökonomie – allerdings nicht auf die wirtschaftlichen Verhältnisse der Museen und ihrer Mitarbeiter, sondern auf den Raum, der in einem Ausstellungshaus immer begrenzt ist, was jeder Präsentation Zwänge auferlegt. »Der ganze Lastwagen ist wohl auch zu groß«, folgert Hütter im Hinblick auf das avisierte Museumsgut: »Eher müsste man an ein bestimmtes Teil denken.« Pragmatismus, so ließe sich ableiten, ist ein weiteres beherrschendes Thema am Museum heute. Im Extremfall muss ein sensibler Kurator das Objekt im Angesicht seiner Musealisierung auch extrem zurichten. Anders lässt es sich eben kaum in den bestehenden Kontext oder den vorhandenen Platz eingliedern.

Nur auf den ersten Blick wirkt das Interview selbstsicher. Wägt man die Wahl der Worte und Formulierungen genau ab, so stößt man auf einen Subtext, der verrät, wie fragil die Legitimität des zeitgenössischen Museums ist. Tatsächlich scheint Hütter die Abhängigkeit der von ihm behaupteten Deutungshoheit von historiografischen, politischen, sozialen, diskursiven Zusammenhängen zu kennen. Und er scheint auch zu wissen, dass sich die Rahmenbedingungen seiner Arbeit jederzeit ändern können. Ist es nicht schlechterdings ein alarmierendes Zeichen, dass er sich gedrängt fühlt, einen nur zwei Wochen zurückliegenden realen Vorgang in den Prozess der Musealisierung zu überführen? Allein der hier offenbar werdende Konkurrenzdruck verheißt: Die Zeit auf der Jagd nach Objekten, die die Alleinstellungsmerkmale eines Ausstellungshauses stärken, ist im Angesicht des globalisierten Museumsbetriebes knapp. Widerspricht diese institutionelle Not nicht bereits dem gesamten Legitimitätskonstrukt »Museum« – dies umso mehr, als Hütter sogar explizit betont, »um die richtige Auswahl [für Objekte wie den Berliner LKW] treffen zu können, braucht man auch zeitlichen Abstand«? Dass es diese benötigte

Zeit nicht mehr gibt: nichts anderes lesen wir doch aus dem Interview.

Und wir lesen weiter, dass sich der Druck offenbar entlädt, indem gerade staatliche Institutionen durch vehemente Verteidigung eines bürgerlichen Museumsbegriffs ihre angebliche gesellschaftliche Relevanz behaupten wollen. Sie vollführen trotzige Trauerarbeit, nach der Devise »Jetzt erst recht!«[93]: Mit fortschreitender Auflösung verlagern sie ihre Zuständigkeiten vom erodierten Kern ihrer Fachkompetenzen in eine Hülle von Marketing, Education und Event. Dabei verlassen sie auch die Grenzen der Ausstellungshäuser und versuchen, in die Lebensbereiche ihrer »Kunden« direkt hineinzuwirken. Es ist also weder ein Zufall, dass sich Museumsdirektoren immer öfter zum Zeitgeschehen[94] äußern, noch dass der Begriff des »Kuratierens« in alle Sparten des Kulturbetriebes und darüber hinaus migriert ist.

Dass die Transformation des Museums stark an die Tourismusindustrie geknüpft ist, wurde schon oben gesagt. Aber sind nicht auch deren Strategien »kuratorisch«? Verfährt nicht ein Marketingexperte mit den Sehenswürdigkeiten einer Stadt, wie es der Kurator mit seinen Objekten tut, indem er selektiert, kategorisiert, interpretiert, präsentiert, indem er konstruierte Auren vermarktet, gegeneinander abwägt und arrangiert, indem er sie gleichsam musealen Räumen und Raumarrangements zuordnet, die hier Zeiträume und Pauschalangebote sind? »Kuratiert« Denkmalpflege nicht Stadtgeschichte?[95] Nutzt nicht die Immobilienwirtschaft, indem sie etwa Neubauten auf städtische »Museumsobjekte« ausrichtet, deren Aura zur Wertsteigerung? Werden in Supermärkten und Shoppingmalls nicht auch Waren und Ladenlokale »kuratiert«?[96]

Wenn das alles stimmt: Bedeutet die Entgrenzung und Entfesselung kuratorischer Praxis dann, dass wir auf dem Weg in ein »totales Museum« sind – obwohl oder gerade weil wir das bürgerliche Museum als Institution verlieren? Der Gedanke mag, zumal aus kulturpessimistischer Sicht, attraktiv erscheinen. Doch er verkennt Wesentliches: dass nämlich Sammlungsinstitutionen immer schon als Medien der Entgrenzung angelegt waren, dass gleichzeitig »Realität« immer schon »kuratiert« wurde, wenn auch ohne den Begriff zu benutzen. Bereits die Kunstkammer war ein interaktives, permeables Konstrukt zwischen Politik, Wissen und Macht gewesen, das als Legitimierungsinstanz weit in die Gesellschaft hineinwirkte. Aber auch das bürgerliche Museum spiegelte immer das Außermuseale, so wie die bürgerliche Welt dazu tendierte, ihr gesamtes Dasein zu musealisieren.

In einer Schlüsselpassage des 1888 angesiedelten ersten Teils seiner Romantrilogie »Die Schlafwandler« schilderte Hermann Broch dieses Phänomen am Beispiel seiner Protagonisten, zweier jung vermählter Vertreter des verbürgerlichten Adels, die als Sammler ihre Wohnstätte kuratorisch optimieren. Broch spricht von »Leidenschaft«, von »Sucht«, er schildert den permanenten Umbau des Hauses als Folge, verweist darauf, dass es sich um ein unendliches, da nie zu vollendendes Unterfangen handelt, rekurriert auf moralische Wirkung und gesellschaftlich-affirmative Intention (Elisabeth ahnt, »dass die Bilder an die Wände gehängt waren, als sollten sie die Mauern verstärken, und als sollten all die toten Dinge etwas sehr lebendiges bergen, vielleicht auch verbergen und schützen«[97]) und zeigt schließlich den expansiven Charakter des Geschehens, indem nicht allein das Haus, sondern auch der Grund »kuratiert« wird: »So wie der Baron immer neue Strecken seines Bodens in den Park einbezog, dessen dichter, dunkler Bestand nun schon fast von allen Seiten mit weiten Flächen freundlichen lichten Jungholzes umgeben war, so erschien es Elisabeth, als wünschte er mit fast weiblicher Fürsorge ihrer aller Leben zu einem immer größeren eingefriedeten Park voll anmutiger Raststationen zu machen und als wäre er erst am Ziele und von jeglicher Angst befreit, wenn sich der Park über die ganze Erde ausgebreitet haben würde, Ziel seiner selbst, Park zu sein, auf dass Elisabeth für immer in ihm ergehen möchte.«

In Brochs Buch erscheinen Liebe, Ehe, das ganze menschliche Dasein des Großbürgertums in einen Panzer der Musealisierung gezwängt. Sämtliche Lebensbereiche werden »kuratiert«. Die Welt ist zum »totalen Museum« geworden. Überträgt man Brochs – mit äußerstem Bedacht gewählte – Symbolik auf die Gegenwart, so zeigt sich, dass eine »durchkuratierte« Gesellschaft keineswegs eine neuartige Vorstellung des postmusealen Zeitalters ist. Weit eher ist die aktuelle Tendenz der »Museumstotalisierung« eine direkte Weiterentwicklung der wesentlichen Eigenschaften des bürgerlichen Museums selbst: die privatwirtschaftliche Umstrukturierung des Kulturbetriebes hat den von jeher vorhandenen totalitären Zug des Museums einfach nur zur Kenntlichkeit herausgearbeitet.

Museumskritik

Man kann ein Museum mit den Mitteln der Kritik kritisieren, aber auch mit den Mitteln von Literatur und Kunst, ja sogar mit den Mitteln des Museums. Man denke sich, in Anlehnung an den Tierschutz, Befreiungs- und Auswilderungsaktionen für Museumsobjekte. Der Mexikaner Gabriel Rossell-Santillán etwa geht in seinen Aktionen seit 2016 einen Schritt in diese Richtung, indem er mit Vertretern der Huichol-Indianer auf der ganzen Welt ethnologische Museen besucht, um dort verwahrte Huichol-Objekte wieder in Gegenstände des Rituals rückzuverwandeln, das er im Museum abhalten lässt.[98] Rossell-Santillán und die Huichol durchbrechen die Aura des Museums, um an diesem ihnen fremden Ort des politischen und kulturellen Kolonialismus zur Aura der Religion zurückzufinden.[99] Selbst wenn die Gegenstände faktisch nicht »befreit« und den Huichol zurückgegeben werden[100], geht es doch um eine Art symbolische Wiedergutmachung, indem die Indianer ihren Gegenständen ins Museum folgen und deren kuratorische Entkontextualisierung konterkarieren.

Was aber passiert mit den entmusealisierten Gegenständen, wo es nicht zu ihrer Einbindung in traditionelle Rituale kommen kann? Geht es auch dann um ihre Wiedereingliederung in den dinggegebenen Nutzzusammenhang? Ray Bradbury hat in seinem 1953 erschienenen Roman »Fahrenheit 451« diesen Vorgang gleichsam parallel verschoben am Beispiel der Literatur vorgeführt. Das Auswendiglernen der Bücher, dem sich die Protagonisten am Ende seiner Erzählung widmen, ist dabei nicht nur ein Akt intellektueller Einverleibung und Durchdringung, die das zuvor »kuratorisch« (per Staatsdoktrin) entfremdete Verhältnis (in diesem Fall durch Verbot: ein Nichtverhältnis) von Inhalt und Leser, von Objekt und Rezipient wiederherstellt. Es ist auch, da es ständig wiederholt werden muss, ein politischer Akt, der das Leben der Menschen vollkommen durchdringt.

Als Bradbury seinen Roman schrieb, entwickelten sich in der Kunst Strömungen wie Fluxus und Performance. Sie rieben sich am musealen Establishment, zweifelten die bis dahin sakrosankte Verteilung kultureller Deutungshoheit an und versuchten, sie zugunsten der Künstler zu verschieben. Die Kritik an einer

Museumskunst, die eigens zur Musealisierung produziert wird, und die Anzweiflung des im Museum behaupteten Kanons mündete bald in die Forderung, jegliche Art institutionalisierter Kulturverwaltung abzuschaffen.[101] Bisweilen traten dann die Künstler als Anwälte der musealisierten Objekte auf, um stellvertretend für sie den Aufstand vorzubereiten. Neben Marcel Broodthaers, dessen »Musée d'art Moderne, Département des Aigles«[102] 1968 eröffnete, ist in diesem Zusammenhang besonders das Werk Robert Fillious zu nennen, das auf vielfache Weise mit den gesellschaftlichen Funktionen des Kunstmuseums spielt. So unterhielt Filiou zeitweilig gemeinsam mit George Brecht im südfranzösischen Villefranche-sur-Mer einen Laden mit dem Namen »La Cédille qui sourit« (Die lächelnde Cédille), der Spiele, Schmuck und Fluxusgegenstände verkaufte, Kunstobjekte also in scheinbar banale, weil außermuseale Zusammenhänge zurückführte, aus denen sie – vor einer fiktiv angenommenen Musealisierung – hätten stammen können.

Im Museum selbst veranstaltete Filiou 1977 dann Metakunst, indem er beispielsweise den Ausstellungsstücken des Louvre mit dem Staublappen zu Leibe rückte. »Abstauben« ist hier als symbolischer Akt der Befreiung vom Pathos der kuratorisch erzeugten Aura zu sehen, mit der die Musealisierung das Objekt umgeben hatte.[103] Der Affront freilich liegt in der Tätigkeit des Säuberns, die keine raffinierte Kulturtechnik, sondern eine lästige Alltagshandlung darstellt. Damit nicht genug steigerte Filliou die Aktion bis zur Farce. Der am Lappen haftende Staub vom Kunstwerk machte den Stoff zur Reliquie. Filliou legte ihn zusammen, gab ihn in ein beschriftetes Kästchen und stellte ihn aus. Werte aus Abfall, Bedeutung aus Nichts: Auf wunderbare Weise entlarvte Filliou so die Mechanismen der Musealisierung, die weiter oben im Text als wunderkammerliche Alchemie beschrieben wurden. »Still sitzen. Nichts tun. Hellwach«, hatte Filliou als Credo seiner Kunst schon 1964 formuliert. Zwanzig Jahre später zog er sich ins Kloster zurück. Die totale Verweigerung war seine ultimative Performance.[104]

Der Schriftsteller Orhan Pamuk hat mit dem 2012 eröffneten[105] »Museum der Unschuld« einen anderen Weg beschritten, die Institution Museum auf künstlerischem Weg neu zu codieren. Der gleichnamige Roman erzählt die Lebensgeschichte eines Mannes, der parallel zur Ehe eine Beziehung mit seiner Nebenfrau Füsun unterhält. Nach ihrem frühen Tod legt er sich Rechenschaft über das gemeinsame Leben mit ihr ab, indem er (als fiktiver Ich-Erzähler des Romans) seine Geschichte aufschreibt und gleichzeitig Gegenstände als Zeugnisse sammelt, um diese Geschichte in einem Museum erlebbar machen zu können. Man mag dies nun als denkbar naiven Begriff vom Museum und dem, was es leisten soll und kann, ansehen. Spannend aber wird die Sache durch eine Volte: Pamuk selbst hat in einem Ende der 1990er Jahre erworbenen Haus in der Istanbuler Altstadt dieses fiktive Museum in die Wirklichkeit transponiert. Dort sind die im Roman erwähnten Dinge tatsächlich ausgestellt.

Was zunächst wie das Spiel mit den Wahrnehmungsebenen Roman und Realität erscheint (im Buch taucht gar ein fiktiver Orhan Pamuk auf), lässt sich auch als Narretei aus Leidenschaft verstehen. Das Museum ist hier als Tempel der Liebe zu Füsun angelegt, jeder Besucher fragt sich natürlich, wer diese Frau wohl für den echten Orhan Pamuk gewesen sein mag. Subversiv wird das närrische Spiel jedoch aus einem anderen Grund. Die Protagonisten des »Museums der Unschuld« sind Mitglieder der türkischen Oberschicht, Gegenstand des Buches ist der westliche, »europäische« Lebensstil der 1970er Jahre – zumindest durch dieses Setting ist der Roman autobiografisch. Aus Sicht der heutigen Türkei, die von nationalistischer Restauration und religiösem Konservatismus geprägt ist, erscheint das Sujet des Romans dekadent. Das Museum erinnert daher nicht allein an Füsun und an die Liebe, sondern auch an eine andere, verloren gegangene Türkei. Auf diese Weise erlangen weggeworfene Zigarettenkippen, Limonadeflaschen, Filmplakate, Türklinken und ähnliche, scheinbar belanglose Alltäglichkeiten aus Füsuns fiktivem Lebenskontext eine Kraft, die sich zu einem Statement gegen die heutigen Zustände der türkischen Gesellschaft zusammensetzen: Realitätgewordene Poesie wird Politik. Pamuk weiß, wie gefährlich Offenheit in diesen Fragen sein kann: seit Jahren beschützen ihn Leibwächter. Er hat daher mit dem Museum der Unschuld einen Modus gefunden, durch eine Art Geheimsprache seine Botschaften jedermann zugänglich zu machen, der es versteht, das Museum und seine Gegenstände im wahrsten Sinne recht zu lesen.[106] Und er hat damit den Hohlformeln der Institution Museum ungeahntes, neues Leben eingehaucht, indem er uns die Idealität eines Museums vorspiegelt, die es in dieser Form niemals gegeben hat.

Als die Sammlung der Londoner National Gallery wegen der deutschen Angriffe im »Blitz« 1941/42 ausgelagert werden musste, hatte der damals blutjunge Direktor Kenneth Clark die Aufgabe, das leere Haus am Trafalgar Square zu bespielen. Er kam auf die Idee, es offen zu halten, obwohl es in den Räumen nichts zu sehen gab, außer dem Wandbehang und den hellen Flecken der Leerstellen, die einst die Bilder füllten. Einmal in der Woche gab es in der zentralen Rotunde ein Konzert. Zudem zeigte Clark dem Publikum ein einzelnes Gemälde, das als »picture of the month« für jeweils vier Wochen aus dem nordwalisischen Notdepot kam und immer allein an der Wand hing.[107]

Man kann getrost davon ausgehen, dass die National Gallery nie erhabener, grandioser, schöner wirkte, nie intensiver bildete, nie angemessener genutzt wurde als in jenen Tagen der Angst und Verzweiflung, da das menschliche Bedürfnis nach Kultur überdeckt war vom hektischen Tagesgeschäft zwischen den Angriffen. Intuitiv hat Kenneth Clark gezeigt, dass Kultur ihre Daseinsberechtigung im Angesicht des

Existenziellen erhält: Wenn sie den Menschen nicht zerstreut, sondern ihn sich selber näher bringt. Für wenige Monate hatte sie den ganzen Raum, den sie benötigt, um zu atmen und zu leben und lebendig aufgesogen zu werden von den Besuchern. Ein riesiges, leeres, ein von all seinen Unzulänglichkeiten, all seinen Lügen befreites Museum.

Für Werner
und für Kadidja, Nuria, Ada

Erster Baustein für das vorliegende Manuskript war ein Text für das Deutsche Architekturjahrbuch 2009/10 unter dem Titel »Die Lüge im Gewand der Wahrheit. Der neue deutsche Museumsbauboom und die Krise des Museums«. Eine frühe Buchfassung entstand 2013 unter dem Arbeitstitel »Merkwürdige Museen. Über Kulturklitterung als Herrschaftsform« als Pendant zu dem 2010 im Berliner Verlag Parthas erschienenen Essay »Durchs wilde Rekonstruktistan. Über gebaute Geschichtsbilder«. Nachdem sich die Umsetzung zerschlagen hatte, kam es 2015 zur Wiederaufnahme des Projekts. Im September 2016 war die Grundlage für die finale Textfassung abgeschlossen. Es folgte eine Arbeitspause aus privaten Gründen. Ihr schloss sich die Fertigstellung der endgültigen Druckfassung im März, April und Juni 2017 an.

Dank

Katja Bernhardt, Robert Burghardt, Norbert Eisold, Alma Hudović, Ellen aus dem Moore, Andreas Rost, Veronika Schöne, Gabriela Wachter, Jan Werquet, Robert Habel, Bettina Held und den vielen Museumsmitarbeitern, die ich zu den hier verhandelten Sachverhalten habe sprechen dürfen.

Anmerkungen

1 Vgl. den Reisebericht einer Studentengruppe http://www.uni-regensburg.de/Fakultaeten/phil_Fak_III/Geschichte/Suedosteuropa/kriege-erinnern/index.html

2 Alvin Toffler: *Der Zukunfts-Schock.* Bern, München, Wien 1970, S. 22.

3 Unter zahlreicher kritischer Literatur zum Museumsboom vgl. Jean-Loup Amselle: *Le Musée exposé.* Paris 2016, Massimo Negri: *La grande rivoluzione dei musei europei.* Venedig 2016, die frühe Schrift von Henk Overduin: *Het Museum als obsessie.* Amsterdam 1988, oder Walter Grasskamp: *Das Kunstmuseum. Eine erfolgreiche Fehlkonstruktion.* München 2016.

4 http://icom.museum/resources/frequently-asked-questions/

5 http://unstats.un.org/unsd/methods/inter-natlinks/sd_natstat.asp

6 https://www.destatis.de/DE/ZahlenFakten/GesellschaftStaat/BildungForschungKultur/Kultur/Tabellen/MuseenBesuche.html

7 https://www.destatis.de/DE/ZahlenFakten/GesellschaftStaat/BildungForschungKultur/Kultur/Tabellen/BesucheOeffentlicheTheater.html

8 http://www.culture.gov.uk/what_we_do/research_and_statistics/3375.aspx

9 http://www.culture.gov.uk/what_we_do/research_and_statistics/8606.aspx

10 Vgl. die frühen Beiträge zum Thema Evaluation, die in den 1990er Jahren eingeführt wurde: H. J. Klein: *Der gläserne Besucher. Publikumsstrukturen einer Museumslandschaft.* Berlin 1990, und R. J. Loomiss: *Museum Visitor Evaluation. New Tools for Management.* Nashville 1987.

11 Unter zahlreichen Überblickswerken zur Museumsgeschichte sei, auch im Hinblick auf weitere Literatur, empfohlen: Anke te Heesen: *Theorie des Museums. Zur Einführung.* Hamburg 2012.

12 Harriet Roth (Hrsg.): *Der Anfang der Museumslehre. Das Traktat »Inscriptiones vel tituli theatri amplissimi« von Samuel Quiccheberg.* Lateinisch – deutsch, mit Kommentar. Berlin 2000.

13 Vgl. hierzu beispielhaft die Forschungen Peter und Dorothea Diemers, bes. das Buch *Die Münchner Kunstkammer.* München 2008.

14 Zu den technischen Objekten der Kunstkammer, ihrer Ordnung, Bedeutung und ihrer Nachgeschichte im Museum erschöpfend: Hans Holländer (Hrsg.): *Erkenntnis, Erfindung, Konstruktion. Studien zur Bildgeschichte von Naturwissenschaften und Technik vom 16. bis zum 19. Jahrhundert.* Berlin 2000.

15 Noch immer zentral: Klaus Maurice: *Der drechselnde Souverän. Materialien zu einer fürstlichen Maschinenkunst.* Zürich 1985.

16 Der Topos wird eindrucksvoll durch Ambrogio Lorenzettis Sieneser Freskenzyklus von 1340 verbildlicht. Vgl. hierzu auch die entsprechenden Einträge im *Handbuch der politischen Ikonographie.*

17 Zu den im Folgenden diskutierten Sachverhalten

vgl. beispielhaft: Kenneth Hudson: *A social history of the museum.* New Jersey 1975, Eilean Hooper-Greenhill: *The Museum. The social-historical articulation of knowledge and things.* London 1988, Tony Bennett: *The birth of the museum. History, theory, politics.* London, New York 1995, und zuletzt Simon Knell: *National Galleries. The art of making nations.* London und New York 2016.

18 Neben dem Museum müsste man an dieser Stelle auch weitere bürgerliche Kulturinstitutionen nennen, beispielsweise den Kunstverein. Siehe Thomas Schmitz: *Die deutschen Kunstvereine im frühen 19. und 20. Jahrhundert. Ein Beitrag zur Kultur-, Konsum- und Sozialgeschichte der bildenden Kunst im bürgerlichen Zeitalter.* Neuried 2001.

19 Zur Entwicklung der frühen Kunst- und Kulturmuseen zuletzt: Carole Paul (Hrsg.): *The first modern museums of art. The birth of an institution in 18th- and early-19th-century Europe.* Los Angeles 2012. Zum gesamten Abschnitt vgl. einführend zudem den Aufsatzband: Robert Fohr (Hrsg.): *Le rôle de l'État dans la constitution des collections des musées de France et d'Europe.* Gent 2003.

20 Vgl. die Positionen in: John Henry Merryman (Hrsg.): *Imperialism, Art and Restitution.* Cambridge 2006, und Henry Jenkins: *Keeping the Marbles. How the treasures of the past ended up in museums … and why they should stay there.* Oxford 2016, sowie die offiziöse Publikation: Bernice L. Murphy: *Museums, Ethics and cultural heritage.* London und New York 2016.

21 Walter Dyck: Der Ehrensaal des Deutschen Museums. In: *Das Deutsche Museum. Geschichte, Aufgaben, Ziele.* Berlin 1929, S. 36. Zuletzt überblicksartig: Wilhelm Füßl und Helmuth Trischöer

(Hrsg.): *Geschichte des Deutschen Museums. Akteure, Artefakte, Ausstellungen*. Berlin 2003.

22 Aloys Ruppel: *Das werdende Weltmuseum der Druckkunst*. Mainz 1930.

23 Krysztof Pomian: Museum, Nation, Nationalmuseum, in: Marie-Louise von Plessen (Hrsg.): *Die Nation und ihre Museen*. Frankfurt am Main 1992, S. 19–32.

24 Edwin Redslob, Brief an die Eltern vom 15. Februar 1908, in: Germanisches Nationalmuseum Nürnberg, Deutsches Kunstarchiv, Nachlaß Redslob II C-2. Zu Redslob vgl.: Christian Welzbacher: *Edwin Redslob. Biografie eines unverbesserlichen Idealisten*. Berlin 2009.

25 Viele Sammler lassen sich bei ihrer Selbststilisierung von solch schmeichelnden Vergleichen leiten. Ronald Lauder etwa verwies in einer Internetbotschaft darauf, dass ihn Pierre Cabannes Buch *The great Collectors* stark beeinflusst habe. Vgl. http://www.neuegalerie.org/museum/from-the-president.

26 Wilhelm R. Valentiner: Amerikanische Privatsammlungen, in: Kunst und Künstler, 18. Jg., 1920, S. 348, das folgende Zitat S. 350. Valentiner trat, nicht zuletzt wegen seiner Rolle in Amerika, als Impulsgeber für die Entwicklungen in Deutschland auf, etwa mit der einflussreichen Denkschrift *Umgestaltung der Museen im Sinne der neuen Zeit*. Berlin 1919.

27 August L. Mayer: Von modernen amerikanischen Kunstsammlungen, in: Kunst und Künstler, 21. Jg., 1923, S. 298.

28 Wilhelm R. Valentiner: Die Sammlung Henry Goldman in New York, in: Kunst und Künstler, 21. Jg., 1923, S. 148.

29 Wilhelm R. Valentiner: Amerikanische Privatsammlungen, in: Kunst und Künstler, 18. Jg., 1920, S. 350.

30 Paul Fechter: Die Sammlung Schmitz, in: Kunst und Künstler, 8. Jg., 1910, S. 15.

31 Karl-Heinz Klingenburg: Einleitung, in: *Das große Bilderlexikon der Antiquitäten.* 2. Aufl. Dresden 1976, S. 15–16.

32 Vgl. etwa: Hannelore Sachs: *Sammler und Mäzene. Zur Entwicklung des Kunstsammelns von der Antike bis zur Gegenwart.* Leipzig 1971. Weiterhin: Peter Sager: *Die Besessenen. Begegnungen mit Kunstsammlern.* Köln 1992, Manuel Frey: *Macht und Moral des Schenkens. Staat und bürgerliche Mäzene vom späten 18. Jahrhundert bis zur Gegenwart.* Berlin 1999.

33 Zum hier verhandelten Aspekt vgl. beispielhaft: Marion Hüchtermann: *Museen der Wirtschaft.* Köln 1991, Chin-Tao Wu: *Privatising Culture. Corporate Art Intervention since the 1980s.* London 2002, Jens Messedat (Hrsg.): *Corporate Museums. Firmenmuseen.* Ludwigsburg 2013, Barbara Hölschen: *Unternehmensmuseen – eine Analyse über Inhalte, Aufgaben, Ziele und Potentiale.* Marburg, Diss. 2015.

34 Eine freundliche Sicht auf Ludwig bietet: Heinz Bude: *Peter Ludwig. Im Glanz der Bilder. Die Biographie des Sammlers.* Bergisch-Gladbach 1993.

35 Die aktuellen Tendenzen des »Mäzenatentums« beleuchtet Marjorie Garber: *Patronizing the arts.* Princeton und Oxford 2008.

36 Manfred Quiring: Der Oligarch Usmanow kauft dem Kreml Kunst, in: Die Welt, 2. Oktober 2007. Allzu eilig hatte der Staat es mit der Sammlung nicht. 2012 kündigte der Kulturminister Alexander

Awdejew an, Rostropowitschs Nachlass sollte als Dependance des Glinka-Museums in einer ehemaligen Villa in St. Petersburg gezeigt werden. Hierzu: http://tvkultura.ru/article/show/article_id/4234

37 Einen Überblick über solche Museen im deutschsprachigen Raum bietet beispielsweise der Band: *Privatzugang. Privatsammlungen in Deutschland, Österreich, Schweiz*. Berlin 2011.

38 Die Frage des »Absenders« und dessen Verunklärung durch komplexe Organisationsstrukturen stellte sich am Beispiel des Berliner Humboldt-Forums auch Mark Siemons: Die Globalisierung verunsichert schon genug. Wer ist da eigentlich wir? Das Berliner Schloss gibt stillschweigend seine politische Legitimität preis, den Dialog der Kulturen, in: Frankfurter Allgemeine Sonntagszeitung, Nr. 49, 11. Dezember 2016, S. 51, und Thomas E. Schmidt: Ein Schloß für die Alles-richtig-Macher. Warum sich die deutsche Kulturpolitik mit ihrem wichtigsten Projekt, dem Humboldt-Forum in Berlin, so schwer tut, in: Die Zeit, Nr. 2, 7. Januar 2016, S. 48.

39 Beispielhaft: Joachim Baur (Hrsg.): *Museumsanalyse. Methoden und Konturen eines neuen Forschungsfeldes*. Bielefeld 2010, und Andrea Prittmann: *Museumsarbeit – abgefragt. Eignung der Standards für Museen als Zertifizierungsinstrument*. Berlin 2015.

40 1994 beriet McKinsey die Londoner Tate Gallery. Eine der ersten deutschen Museumskooperationen mit McKinsey leitete die Staatsgalerie Stuttgart 1997 ein, die unter der Bezeichnung »Stuttgarter Aufbruch« umgesetzt wurde. Die wesentlichen Konzepte umfassten – erwartungsgemäß – Public-

private-Partnership (Kooperation mit Privatsammlungen und Leihgebern), Eventisierung, inhaltliche Verschlankung auf einen »Markenkern« und eine Intensivierung des Marketing.

41 Etwa aus Anlass von McKinseys Beratung des Pariser Louvre unter dem Titel »Defining the perimeter and method of improving the Louvre's activities« im Jahr 2007. Vgl. allgemein: Hans-Albert Treff (Hrsg.): *Museen unter Rentabilitätsdruck. Engpässe, Sackgassen, Auswege.* München 1993, und Anja Dauschek: *Museumsmanagement. Amerikanische Strategien in der deutschen Diskussion.* Ehestorf 2001.

42 McKinseys Strategie im Umgang mit Museen dokumentiert beispielhaft der Beitrag von John Sawhill und David Williamson: Measuring what matters in nonprofits, in: McKinsey Quarterly, Mai 2001. Zu den jüngeren Wirtschaftsstudien, die auch im Hinblick auf Museen diskutiert werden, gehört die 2015 von den Wirtschaftsprüfern Deloitte und dem MIT Sloan Management Review veröffentlichte »Digital Business Global Executive Study«, die von Gerald C. Kane, Doug Palmer und anderen Autoren angefertigt wurde, um die aus der Digitalisierung resultierenden Optimierungsmöglichkeiten für Unternehmen – und Museen – zu erörtern. Weiterhin wichtig in diesem Zusammenhang: Tony Travers und Stephen Glaister: *Valuing Museums. Impact and innovation among national Museums.* London 2004, die interessanterweise nicht von Wirtschaftsberatern, sondern der »National Museum Director's Conference« publiziert wurde. Online verfügbar: http://www.nationalmuseums.org.uk/media/documents/publications/valuing_museums.pdf.

43 Das bekannteste Beispiel eines solchen Vorganges ist sicher die New Yorker »Neue Galerie«, eine Initiative des Sammlers Ronald S. Lauder.

44 Hier gemeint im umgangssprachlichen Sinne, nicht im Sinne von Karl Marx. Vgl. weiterhin: Wolfgang Fritz Haug: *Kritik der Warenästhetik.* Frankfurt am Main 1971, Neuausgabe 2009, gefolgt von Ders.: *Warenästhetik im High-Tech-Kapitalismus.* Frankfurt am Main 2009.

45 Zum Phänomen Evaluation: Matthias Dreyer und Rolf Wiese: *Qualität, Güte, Wertschätzung. Worauf Museen achten müssen.* Ehestorf 2008, sowie Ann Davis und Kerstin Smeads (Hrsg.): *Visiting the Visitor. An Enquiry into the visitor-business in museums.* Bielefeld 2010.

46 Vgl. Peter Leingruber und Hartmut John: *Museumsshop-Management. Einnahmen, Marketing und kulturelle Vermittlung wirkungsvoll steuern.* Bielfeld 2011.

47 Theodor W. Adorno: *Prismen. Kulturkritik und Gesellschaft.* 3. Aufl. Frankfurt am Main 1969, S. 159.

48 Vgl. die Diagnose von Norbert Lammert: Museumsjahr 2011. Viel Museum, wenig Inhalt, in: Die Zeit, Nr. 1, 29. Dezember 2011.

49 Eine klassische deutsche Studie zur Gebäudetypologie ist: Rudolf Opfermann: *Gebäude für Sammlungen und Ausstellungen. Handbuch der Architektur.* Darmstadt 1893. Weiterhin etwa: Albert Erbe: *Belichtung von Gemäldegalerien.* Leipzig 1923.

50 Unter den zahllosen, oft allzu unkritisch-populären Büchern zur heutigen Museumsarchitektur sei lediglich benannt: Suzanne und Thierry Greub: *Museen im 21. Jahrhundert. Ideen, Projekte, Bauten.* München, u. a. 2006.

51 Vgl. Herta Neiss und Klaus Landa (Hrsg.): *Mu-*

seum und Tourismus. Ein Handbuch zur Nutzung touristischer Konzepte. Wien, Köln, Weimar 2017. Weiterhin: John Urry: *The tourist gaze.* London, u. a. 2002.

52 Robert Venturi: *Learning from Las Vegas.* Cambridge 1972. Zur Wirkung exemplarisch: Aron Vinegar: *I am a monument. On learning from Las Vegas.* Cambridge, Mass., 2008.

53 Vgl. in diesem Zusammenhang etwa die Verhandlungen zwischen der Guggenheim-Foundation und der Stadtverwaltung von Helsinki, die sich Ende 2016 gegen die Ansiedlung einer Guggenheim-Dependance entschied, unter anderem, weil die Vertreter der lokalen Kunstszene protestiert hatten.

54 Public-private-Partnership gab es bereits im bürgerlichen Museum, etwa durch Museumsvereine, die sich meist den Auftrag öffentlicher Kulturgutförderung zuschrieben und im staatlichen Museum einen klaren Gegenpart hatten. Solche Vereine kaufen dann Objekte, finanzieren Öffentlichkeitsarbeit, Führungen, Feste und Marketing oder sie unterstützen die Verwaltung. Einem der ältesten Museumsvereine der Welt, dem 1897 unter anderem von Wilhelm Bode gegründeten Kaiser-Friedrich-Museumsverein in Berlin, gehören Hauptwerke der Gemäldegalerie, darunter Arbeiten von Cranach, Dürer, van der Weyden, van Eyck, Rembrandt, Rubens, Chardin und Watteau. Sie stehen laut Satzung der Gemäldegalerie als Leihgabe zur Verfügung. Vgl. einführend: Henning Bock: *Gemäldegalerie Berlin. Staatliche Museen Preußischer Kulturbesitz.* Paris 1997. Die Publikation entstammt bezeichnenderweise einer Buchreihe, die vom privaten Mercatorfonds Paribas herausgegeben wurde.

55 Als eindrücklichstes deutsches Beispiel mag hier die »Stiftung museum kunst palast« in Düsseldorf gelten, 1998 durch die Stadt und das Energieunternehmen EON gegründet und später durch die Beteiligung des Einzelhändlers Metro erweitert. 2016 erklärte EON, massive Gewinneinbrüche machten ein Ende des kulturellen Engagements notwendig. Die Zukunft des Museums und der Stiftung ist damit ungeklärt, es wird sich zeigen, ob eine Rückabwicklung der Stiftungsstruktur ohne größere langfristige Defizite im Düsseldorfer Haushalt möglich sein wird. Vgl. Annette Bosetti: Museum Kunstpalast steht am Abgrund, Rheinische Post, 5. April 2016, und Andreas Rossmann: Saurer Regen. EON und der Düsseldorfer Kunstpalast reichen die Scheidung ein. Frankfurter Allgemeine Zeitung, 2. April 2016.

56 Vgl. den Special Report des Economist vom 6. Januar 2014: »The Bilbao effect. If you build it, will they come?«

57 Vgl. beispielsweise das 2008 eröffnete Kulturzentrum »Centquatre« am Rand von Paris und seine Kritiker Robert Cantarella und Frédéric Fisbach (Hrsg.): *L'Anti-Musée.* Paris 2009.

58 Kritisch: Gert Kähler: *Schräge Architektur und aufrechter Gang. Dekonstruktion: Bauen in einer Welt ohne Sinn.* Braunschweig 1993.

59 So wird jedenfalls der Musiker Pierre Boulez in einem berühmt-berüchtigt gewordenen Artikel zitiert, in: Der Spiegel, H. 40, 1967, S. 166–174. Im Originaltext heißt es: »Die neuen deutschen Opernhäuser sehen zwar sehr modern aus – von außen; innen sind sie äußerst altmodisch geblieben. In einem Theater, in dem vorwiegend Repertoire gespielt wird, da kann man doch nur mit

größten Schwierigkeiten moderne Opern bringen – das ist unglaubwürdig. Die teuerste Lösung wäre, die Opernhäuser in die Luft zu sprengen. Aber glauben Sie nicht auch, daß dies die eleganteste wäre?« Boulez sprach weiterhin von »gigantischer Betriebsamkeit der Opernhäuser« – nichts anderes konnte und kann man auch von den Museen behaupten, schließlich seien die gängigen Opernhäuser laut Boulez nichts anderes als Museen.

60 Diesen Gedanken hat auf wunderbare Weise auch André Malraux mit seinem musée imaginaire durchgespielt. Hierzu etwa: Walter Grasskamp: *André Malraux und das imaginäre Museum. Die Weltkunst im Salon.* München 2014. Weiterhin: Eva Sturm: *Konservierte Welt. Museum und Musealisierung.* Berlin 1991, und Susan Pearce: *Museums, objects and collections. A cultural study.* Leicester 1992, Laurajane Smith: *Uses of heritage.* London 2006.

61 Das Hammermuseum des Bildhauers Oskar Mahler, 2005 eingerichtet im Obergeschoss der Schuhmacherei Lenz im Frankfurter Bahnhofsviertel. http://vollderhammer.eu/

62 Das »Nissin Cup« Instant Ramen Museum im japanischen Ikeda (Osaka), vor dessen Eingang die Bronzestatue des Fertignudelerfinders Momofuku Ando steht, der eine Packung seines 1958 entstandenen Produkts in die Höhe hält. http://www.instantramen-museum.jp/english.htm

63 Die Bauten des Sankei-en Gartens in Yokohama wurden von Hara Tomitaro (1868–1939) gesammelt, eine der eindrucksvollsten Sammlungen Japans. Darüber hinaus gibt es Häusersammlungen (meist Holz- und Fachwerkbauten als Zeugnisse der Volkskunst) in Freilichtmuseen auf der ganzen Welt.

64 Das Tian Yi Eunuch Museum in Peking, das neben dem Mausoleum des aus dem 17. Jahrhundert stammenden Hofeunuchen entstand und 2012 eröffnete. Vgl. http://www.telegraph.co.uk/travel/away-from-the-desk/9617901/Away-from-the-desk-the-worlds-only-eunuch-museum.html

65 Vgl. Thomas Schneider, Martin Kätelhön und Claudia Dichter (Hrsg.): *Kaba und Liebe.* Ausstellungskatalog. Stuttgart 2000. Es handelte sich hierbei um ein Kunstprojekt, das das Wesen des Museums hinterfragte.

66 Hagen Schulze: Preußen. Bilanz eines Versuchs, in: Geschichte in Wissenschaft und Unterricht, Nr. 32, 1981, S. 660. Zit. nach: Hermann Schäfer: Überlegungen zum Ausstellungsobjekt und seiner Wirkung im historische Kontext. Eine Anti-Ideologie, in: *Ideologie der Objekte – Objekte der Ideologie.* Kassel 1991, S. 77–87, hier S. 81. Siehe weiterhin den leider allzu diversen Sammelband: Hans Ottomeyer (Hrsg.): *Das Exponat als historisches Zeugnis. Präsentationsformen politischer Ikonographie.* Dresden 2010. Weiterhin: M. Roth: Zur Geschichte des Umgangs mit historischen Objekten. Französische und deutsche Museen im Vergleich, in: Museumskunst, Nr. 54, 1990, S. 2 ff., sowie: Thomas Thiemeyer: *Fortsetzung des Krieges mit anderen Mitteln. Die beiden Weltkriege im Museum.* Paderborn 2010.

67 Zur Problematik am Beispiel von Geschichtsmuseen überblicksartig: Stefan Krankenhagen und Viola Vahrson (Hrsg.): *Geschichte kuratieren. Kultur- und Kunstwissenschaftliche An-Ordnungen von Geschichte.* Wien, Köln, Weimar 2017.

68 Friedrich Schiller: Brief eines reisenden Dänen, in: *Nationalausgabe*, 20. Band, Philosophische Schriften, 1. Teil, 1962, S. 102.

69 Die Serie wurde erst 1982 veröffentlicht. Vgl.: Ute Eskildsen (Hrsg.): *Verwandlungen durch Licht. Metamorphosis Through Light.* Freren 1982. Weiterhin: Florian Ebner: *Metamorphosen des Gesichts: Die »Verwandlungen durch Licht« von Helmar Lerski.* Göttingen 2002.

70 Das Buch erschien auf Deutsch 2016 in einer gefeierten Neuübersetzung von Frank Heibert und Hinrich Schmidt-Henkel.

71 Katharina Flügel: *Einführung in die Museologie.* Darmstadt 2009.

72 Otto Homburger: *Museumskunde.* Breslau 1924.

73 So etwa der Zertifikationskurs »Kuratieren« an der Universität der Künste Berlin (24. März bis 10. Juni 2017), veranstaltet von der Universität der Künste, dem Berlin Career College und dem Zentralinstitut für Weiterbildung und durchgeführt von der Agentur CareerCulture und der Kunstagentur Friederike Hauffe.

74 Das zeigt beispielhaft das wunderbare Büchlein von Stefan Kraus: *Formate bestimmen die Inhalte. Kunstbetrieb, Kunst und Kunstvermittlung.* Magdeburg 2016, auf das mich dankenswerterweise Norbert Eisold aufmerksam gemacht hat.

75 Hinter dem Begriff Kurator ist freilich die gesamte Eigendynamik eines »Berufsstandes« versteckt, die kontrovers diskutiert wird. Vgl. dazu etwa: Beti Žerovc: *When attitudes become form. The contemporary curator and institutional art.* Berlin 2015, Jerome Glicenstein: *L'invention du curateur. Mutations dans l'art contemporain.* Paris 2015, und nicht zuletzt: Terry Smith (Hrsg.): *Talking contemporary curating.* New York 2015, sowie Hans-Ulrich Obrist: *Kuratieren!* München 2015. Obrist, der im Kulturbetrieb als eine Art Superkurator gehandelt wird,

ist eine interessante, ja paradigmatische Figur für die gegenwärtigen Entwicklungen des Museums.

76 Die Berliner Neue Nationalgalerie versuchte dies 2010–12 im Rahmen der Neupräsentation der ständigen Sammlung durch in die Ausstellungsräume gehängte großformatige Schwarz-Weiß-Abbildungen von Kunstwerken, die aus den preußischen Vorläuferinstitutionen im Rahmen der Aktion »Entartete Kunst« ab 1937 beschlagnahmt und vernichtet worden waren. Florian Illies kommentierte: »Selten ist die Kunstgeschichte überzeugender umgeschrieben worden«, und dokumentierte damit schlagend, wie Ausstellungsinszenierung Wahrnehmung manipuliert. Vgl. seinen Artikel: Schaut auf diese Kunst. Neue Nationalgalerie Berlin, in: Die Zeit, Nr. 11, 11. März 2010. Vgl. weiterhin: Katharina Hoins und Felicitas von Mallickrodt (Hrsg.): *Macht. Wissen. Teilhabe. Sammlungssysteme im 21. Jahrhundert.* Bielefeld 2015, und Luise Reitstätter: *Die Ausstellung verhandeln. Von Interaktionen im musealen Raum.* Bielefeld 2015.

77 Vgl. zu den Gedankengängen der gesamten Passage auch die Bücher von Christian Demand, hier besonders der Band *Wie kommt die Ordnung in die Kunst?* Springe 2010.

78 Diesen Gedanken greift auch auf: Stefan Laube: *Von der Reliquie zum Ding. Heiliger Ort – Wunderkammer – Museum.* Berlin 2011.

79 Zum Folgenden beispielhaft, zumeist aus Sicht der Museumspraktiker: Mary Anne Staniszewski: *The power of display. A history of exhibition installations at the Museum of Modern Art.* Cambridge und London 1998, James Putnam: *Art and Artefact.*

The museum as medium. London 2001, Wolfger Pöhlmann: *Handbuch zur Ausstellungspraxis.* Berlin 2007, Hermann Kossmann, u. a.: *Narrative spaces. On the art of exhibiting.* Rotterdam 2012, Sibylle Lichtersteiger, u. a. (Hrsg.): *Dramaturgie in der Ausstellung. Begriffe und Konzepte für die Praxis.* Bielefeld 2014.

80 Solche Fragen können sich auf Einzelobjekte genauso beziehen wie auf das gesamte Marketing eines Museums. In diesem Zusammenhang entwickelte McKinsey 2017 eine »Kundenreise durch den kulturellen Sektor«, die Museen zielgenaueres Marketing ermöglichen soll. Vgl. https://www.cultuurmarketing.nl/customer-journey-101-vijf-fases-klantreis-culturele-sector.

81 Zit. nach: Hermann Schäfer: Überlegungen zum Ausstellungsobjekt und seiner Wirkung im historischen Kontext. Eine Anti-Ideologie, in: *Ideologie der Objekte – Objekte der Ideologie.* Kassel 1991, S. 77–87, hier S. 81–82.

82 Immanuel Kant: *Kritik der reinen Vernunft.* Stuttgart 1968, S. 49.

83 Vgl. in diesem Zusammenhang die geniale Satire von Frank Fischer: *Der Louvre in 20 Minuten.* Berlin 2011.

84 Theodor W. Adorno: *Ästhetische Theorie.* Frankfurt am Main 1973, S. 32.

85 Karl Scheffler: Die Neuordnung der Berliner Nationalgalerie, in: Kunst und Künstler, 21. Jg., 1923, S. 358. Gemeint ist wohl die fünfundzwanzigste Neuordnung seit der Eröffnung 1876.

86 Zum größeren Kontext von Justis Konzeption: Alexis Joachimides: *Die Museumsreformbewegung und die Entstehung des modernen Museums 1880–1940.* Dresden 2001, und Jana Baumann: *Mu-*

seum als Avantgarde. Museen moderner Kunst in Deutschland 1918–33. München, Berlin 2016.

87 A. Schröter: Das Naturkundemuseum als Stätte der biologischen Erziehung des Volkes, in: Der Biologe, 1936, S. 419–421, zit. nach: Änne Bäumer-Schleinkofer: Das Naturkundemuseum als Medium biologischer Volksaufklärung im Dritten Reich, in: *Ideologie der Objekte – Objekte der Ideologie*. Kassel 1991, S. 47–54, hier S. 48. Ideologische Umstrukturierung lässt sich paradigmatisch auch am Beispiel des Umbaus der polnischen Museumslandschaft, vor allem der historischen Museen, seit 2010 beobachten. Neuordnung, Neubewertung und Neuinterpretation der Sammlungen und Sammlungsobjekte ging dabei mit Schließung und Zusammenlegung, aber auch Neugründung von Institutionen sowie einer rigiden Personalpolitik einher. Die Vorgänge und Strategien werfen auch ein Licht auf die – zumeist subtilere, aber dennoch wirkungsvolle – geschichtspolitische Praxis in anderen demokratischen Staaten. Für Deutschland beispielhaft ist hier das Deutsche Historische Museum.

88 Erhard Göpel: Museum als Erlebnis? Aus Anlaß der Neuordnung der städtischen Sammlung in Leipzig, in: Kunst und Künstler, 30. Jg., 1931, S. 27, das folgende Zitat S. 30.

89 Diese Tendenz vermutet man eigentlich erst viel später. Zu den bekanntesten Beispielen für erlebnisorientierte Musealisierung gehört die Verwandlung des Technikmuseums zum sog. Science Center, in dem Experimente theatralisch inszeniert werden, in den 1980er Jahren. Vgl.: W. Orchiston und R. Bhatal: Introducing the Science Center. A new type of Science Museum, in: Curator, Nr. 27,

1984, S. 33–47. Eines der ersten europäischen Museen dieses Typs war die 1986 eröffnete Cité des Sciences et de l'Industrie im Park La Villette, Paris.

90 Es ist wichtig zu sehen, dass sich in diese Debatte um eine Neuetablierung des Verhältnisses Publikum – Museum auch politische Stimmen mengten, die sich als Kritik jeglicher Privatisierung des Öffentlichen lesen. Der Kunsthistoriker Max Sauerlandt definierte 1930, was ein idealtypisches Ausstellungshaus zu leisten habe. Museen, so schreibt er, »werden in ihrer neuen kulturellen und sozialen Funktion, die in der Zukunft zweifellos an Bedeutung immer mehr zunehmen wird, nur dann richtig verstanden, wenn sie grundsätzlich als Gemeinbesitz, gewissermaßen als veröffentlichter Privatbesitz jedes einzelnen Staatsbürgers betrachtet werden. Jeder Einzelne muß von dem Gefühl durchdrungen sein, dass er in dem Museum nichts anderes als die ihm selbst gehörenden, nur der Allgemeinheit zugänglich gemachten Kunstwerke vor Augen hat.« Max Sauerlandt: Die deutschen Museen und die deutsche Gegenwartskunst, in: *Drei Betrachtungen zur Stellung der Kunst in unserer Zeit.* Hamburg 1930, S. 30. Vgl. dazu auch Gustav Paulis 1919 ausgesprochene Behauptung, das Museum gehöre zu den »demokratischsten aller Bildungsinstitute«, das »jedermann ohne Legitimationsprüfung der Vorteil seiner stummen Belehrung gewährt«, in dem eminent wichtigen Band *Die Kunstmuseen und das deutsche Volk.* Berlin 1919, S. 3.

91 Alvin Toffler: *Der Zukunfts-Schock.* Bern, München, Wien 1970, S. 108.

92 Zum Kontext der folgenden Passage vgl.: Michael

Fehr und Stefan Grohé (Hrsg.): *Geschichte – Bild – Museum. Zur Darstellung von Geschichte im Museum.* Köln 1989, Gottfried Korff und Martin Roth (Hrsg.): *Das historische Museum. Labor, Schaubühne, Denkfabrik.* Frankfurt am Main und New York 1990, Bärbel Kühn, u. a. (Hrsg.): *Geschichte erfahren im Museum.* St. Ingbert 2014.

93 Man vergleiche in diesem Zusammenhang die hochinteressante Diskussion um die Musealisierung des Geburtshauses von Adolf Hitler in Braunau am Inn, die zwischen 2015 und 2017 geführt wurde: Sie war stark von einem Vertrauensverlust gegenüber der Möglichkeit geprägt, durch Musealisierung Geschichte »einhegen« zu können, also durch museale Umcodierung eine Nutzung als »Pilgerstätte« zu verunmöglichen.

94 Beispielhaft: Martin Roth: Der Traum vom intellektuellen Widerstand. Ein rasant wachsender Nationalismus bedroht Europa. Doch was tun die Museen und Theater? Sie ducken sich weg. In: Die Zeit Nr. 42, 6. Oktober 2016. Darin auch die Behauptung: »Museen und Sammlungen haben etwas Widerständiges an sich, sonst hätten sie nicht unzählige Systemwechsel in Europa überlebt.« Das Gegenteil ist der Fall: Museen und Sammlungen werden nach jedem Systemwechsel den neuen Bedingungen angepasst. Sie überleben zwar als Institution, als solche aber grundlegend und auf allen Ebenen transformiert.

95 Vgl. Walter Siebel: *Die Kultur der Stadt.* Berlin 2015, besonders das Kapitel über die Reurbanisierung und die Rolle der Kulturindustrie, S. 189–284.

96 Der Berliner Autorenfilmer Harun Farocki hat mit seiner Dokumentation »The Creators of Shopping Worlds« schon 2001 einen wichtigen Beitrag zur

Offenlegung der psychologischen Strategien beim Bau von Shoppingmalls geliefert. Die Vorgehensweise der Investoren erschien den kuratorischen Strategien am Museum durchaus verwandt.

97 Beide Zitate aus: Hermann Broch: *Die Schlafwandler. Eine Romantrilogie.* Taschenbuchausgabe, Frankfurt am Main 1978, S. 80–81. Hieraus auch das folgende Zitat.

98 So etwa 2016 im Berliner Ethnologischen Museum, dessen Sammlung ins sogenannte Humboldt-Forum überführt werden soll. Auf die Aktion aufmerksam machte mich dankenswerterweise Ellen aus dem Moore, die Leiterin der Abteilung Kunst im Institut für Auslandsbeziehung (ifa). Das ifa unterstützte die Huichol-Aktion finanziell. Man könnte etwas mokant kommentieren: Eine öffentliche Förderinstitution sorgt für die Torpedierung einer öffentlichen Sammlung.

99 Juristische Auseinandersetzungen in dieser Hinsicht hat etwa das British Museum seit Jahren mit Vertretern der Neuseeländischen Maori, die musealisierte Gegenstände zurückfordern, weil sie im noch immer praktizierten Ahnenkult gebraucht werden. Vgl. hierzu etwa Ruth B. Philips (Hrsg.): *Sensible Objects. Colonialism, Museums and Material Culture.* Oxford, New York 2006.

100 Der langjährige Direktor des British Museum, Neil MacGregor, nutzte in seiner neuen Funktion als »Gründungsintendant« des Berliner Humboldt-Forums die Verlegenheit, sich mit den handfesten Folgen des Kolonialismus auseinandersetzen zu müssen, zu einer rhetorischen Umarmungsstrategie: Er behauptete, in einer Weltgesellschaft gehörten ohnehin alle Objekte allen Menschen. Vgl.:

Neil MacGregor: *Globale Sammlungen für globalisierte Städte.* Berlin 2016. Dies freilich ist keine post-, sondern eine neokoloniale Attitüde, indem die einstigen »Herren der Welt« den einst Kolonisierten erklären, sie hätten sich fortan als »Weltbürger« zu begreifen.

101 Als Einführung in die Kunst dieser Zeit: Thomas Kellein (Hrsg.): *1968. Die große Unschuld.* Köln 2009.

102 Unter zahlreicher Literatur beispielhaft: Susanne König: *Marcel Broodthaers. Musée d'Art Moderne, Département des Aigles.* Berlin 2012.

103 Rem Koolhaas hat diesen Vorgang später imitiert, indem er den Barcelona-Pavillion Mies van der Rohes, 1983–86 als Museum seiner selbst rekonstruiert, geschrubbt hat.

104 Das Museum hat Filliou heute wieder fest im Würgegriff. Vgl. etwa die am Musée d'Art Moderne, Villeneuve-d'Ascq, Düsseldorfer Museum Kunstpalast und am Museu d'Art Contemporani Barcelona gezeigte Retrospektive und den zugehörigen Katalog: Sylvie Jouval und Heike van den Valentyn (Hrsg.): *Robert Filliou. Genie ohne Talent.* Ostfildern 2003.

105 Vgl. beispielhaft: Die Stadt und die Dinge. Orhan Pamuks »Museum der Unschuld« in Istanbul von Ihsan Bilgin und Sunder-Plassmann Architekten, in: werk, bauen+wohnen, Heft 12/2012.

106 Orhan Pamuk: *Das Museum der Unschuld.* München 2008. Als Vorbilder nennt der Ich-Erzähler Kemal auf S. 534 Museen von Stars wie Ava Gardner, in denen Alltagsgegenstände durch den Kontext auratisch aufgeladen werden. Weiterhin: Orhan Pamuk: *Die Unschuld der Dinge. Das Museum der Unschuld in Istanbul.* München 2012.

[107] Vgl. Kristina Kratz-Kessemeier, u. a. (Hrsg.): *Museumsgeschichte. Kommentierte Quellentexte 1750–1950*. Berlin 2010, S. 172–174.

Erste Auflage Berlin 2017

Göhrener Str. 7 | 10437 Berlin
info@matthes-seitz-berlin.de

Satz: psb, Berlin
Druck und Bindung: Art Druk, Szczecin
Umschlaggestaltung nach einer Idee
von Pierre Faucheux
ISBN 978-3-95757-387-2
www.matthes-seitz-berlin.de